tus sentimientos

y lo que Dios dice acerca de los mismos

Inspirado por Dios
Escrito por Julie Chapus

Tus sentimientos
Y LO QUE DIOS DICE ACERCA DE LOS MISMOS
Autora: Julie Chapus

Derechos de autor©2013 Julie Chapus.
www.christforkidsministries.com
ISBN 978-1-935018-92-6
Todos los derechos reservados por la Autora.

PUBLICADO POR:
Five Stones Publishing
UNA DIVISIÓN DE:
The International Localization Network
Randy2905@gmail.com
ILNcenter.com
Todos los derechos reservados.

Toda la escritura fue tomada de Zondervan Life Application Study Bible NIV derechos de autor 1988, 1989, 1990, 1991 por Tyndale House Publishers, Inc. Wheaton, IL 60189

Service on Jealousy and Depression por Pastor Joshua Finley, Elim Gospel Church, Lima, NY

Dedicatoria

A mi hija dada a mí por el Señor. Que siempre esté contigo, siempre te guíe y siempre te proteja. Él te ama con un gran amor que nunca termina y nada podrá alejar Su amor de ti.

Contenido

Dedicatoria..3
Gracias especiales..7
Nota a los padre..9
Cómo usar este libro..11
Enojo...13
Sentimientos malos hacia otras personas...........17
Intimidación - Siendo intimidado.......................21
Intimidar - Siendo un bravucón..........................25
Compromiso -Haciendo cosas que sé no debo hacer........29
Depresión..33
Bochorno...37
Temor - Sentirse nervioso, temeroso, preocupado o miedoso........41
Perdón y límites..45
Culpabilidad...51
Celos...55
Soledad...61
Mentir...65
Obedeciendo a Dios..67
Cuando la gente no te cree................................. 71
Rechazo...75
Tristeza...79
Secretos: Cuándo guardarlos – Cuándo decirlos............81
Egoísmo..85
Estrés..89
Conclusión..93
Nota de la autora..95
Lista de lecturas sugeridas.................................97

Gracias especiales

A mi padre en el cielo, muchas gracias por llenarme de Tu Espíritu y por ayudarme en el sendero que has escogido para mí. Este libro y el conocimiento contenido en sus páginas es Tuyo solamente. Muchas gracias por compartir Tu sabiduría conmigo y con todos los que lean esto. Me siento humilde y llena de gratitud y admiración sobre todo lo que has hecho. Muchas gracias Padre. Te amo. Amén.

Mi esposo, mi pareja y amigo por vida. Me has apoyado en hacer cosas que nunca soñé posibles. Tu apoyo y amor a través de los años han hecho posible que yo sirva a Dios en todo lo que Él me ha llamado a hacer. Te amo y no puedo esperar para ver lo que Dios tiene reservado para nosotros. El Buen Señor no habría podido darme un esposo mejor.

Mi mentor Rvdo. B.R. Van Dame Weirich. Muchas gracias por invertir todo su tiempo y energía en mí por tantos años. Usted me ha educado en el Señor y en todas Sus maneras. Nunca sabrá lo que su apoyo a través de los años ha significado para mí. Mi camino con Dios se debe a que tomó su tiempo para prestar atención y verter Su amor en las generaciones futuras. Las palabras no pueden expresar adecuadamente mi profunda gratitud y amor. Que pueda pasar la antorcha como usted lo ha hecho.

Gracias también a mi familia, padres y amigos que me han animado para seguir a Dios, y al Pastor Josh en la Iglesia Elim Gospel.

Gracias a Wegmans Supermarkets por ayudarme a tener un gran comienzo en la vida con su programa de becas.

Gracias a Five Stones Publishing. Que este libro ayude a muchos niños y sus familias.

Mandy y Jen, gracias por sus oraciones y aliento a través de los años. Estoy feliz porque Dios ha hecho que nuestros caminos se cruzaran.

Nota a los padres

Este libro surgió después de que mi hija de nueve años de edad empezó a compartir conmigo su lucha con pensamientos malos. Después de escucharla, supe que Dios deseaba que la ayudara y le mostrara lo que él ha hecho por mí, para que ella pudiera entender cómo Dios podía ayudarla también.

También sabía que la mejor manera como podría hacer esto sería escribiendo las muchas cosas que Dios me ha estado enseñando, en un lenguaje que un niño pueda entender. Una vez que empecé a escribir, me di cuenta de que estas lecciones no eran sólo para mí, sino para todos los niños de Dios que están luchando con los muchos tipos de problemas que enfrentamos en nuestras vidas. De modo que eso empezó una conversación con mi hija que eventualmente resultó en este libro.

Este libro contiene una lista de sentimientos, emociones y problemas con los cuales los niños y adolescentes podrían estar luchando, junto con pasajes relevantes de la Biblia que tratan de esos asuntos.

1. Su objetivo es ayudar a la gente joven a aprender las maneras de Dios para lidiar con sus problemas.
2. Versos de la Escritura se parafrasean en el libro y se incluyen números para referencia por todo el libro.

Mi plegaria es para que este libro ayude a sus niños a aprender cómo lidiar con los problemas, y a darse cuenta de cuánto él o ella es verdaderamente amado por Dios.

Cómo usar este libro

Cada uno de nosotros tiene que enfrentarse a sentimientos malos de tiempo en tiempo. Tristeza, enojo, celos - y la lista sigue.

Pero Dios no desea que nuestras vidas estén llenas de problemas y sentimientos malos. Dios nos ama y desea que tengamos buenos sentimientos en nuestras mentes y corazones. Él no desea que luchemos. Él desea ayudar a todos y cada uno de nosotros. (Filipenses 4:6-9)

Para ayudarnos a encontrar esos sentimientos buenos, Dios nos ha dado instrucciones sobre cómo enfrentarnos a cualquier problema que tengamos. Cuando nos enfrentamos a nuestros problemas a la manera de Dios, un gran sentimiento entra a nuestros corazones. Jesús llama este sentimiento paz. Dios desea que tengamos paz en nuestras mentes y corazones en todo momento, en vez de sentirnos mal.

Este libro contiene mucho de lo que Dios dice acerca de nuestros problemas y cómo manejarlos. También contiene oraciones que podrías querer decir a Dios. Sería de mucha ayuda si lees las oraciones en voz alta en las secciones de "Di éstas en voz alta" cada día. No hagas esto sólo una vez - sigue haciéndolo cada día hasta que empieces a sentirte mejor.

Si sigues la Palabra de Dios, y Sus maneras, un día te despertarás y te darás cuenta de que los problemas con los que te enfrentabas ya no te molestan. Tendrás paz. Es realmente asombroso. Siempre recuerda, Dios te ama mucho, niño.

Simplemente pide y se te dará. Esta es la promesa de Dios a ti y a todos. (Mt 7:7)

Si deseas tener paz, lee este libro hasta el final. Ya que muchos de los problemas a los que nos enfrentamos pueden conducir a otros problemas, podrías encontrar de ayuda leer todo el libro primero. Entonces, si sigues teniendo problemas en un área, vuelve a esa sección del libro. (Encontrarás una lista de los problemas discutidos en este libro en el Contenido).

Busca los pensamientos, sentimientos o emociones con los que te enfrentas, y ve a esa página. Verás una descripción del problema y unas instrucciones sobre cómo manejar ese problema a la manera de Dios.

Ruego para que este libro te ayude a tener ese gran sentimiento de paz en tu corazón y en tu mente y que realmente entiendes cuánto Dios te ama. Amén.

Enojo

"¡Ayúdame! ¡Me siento tan enojado!"

Casi todo el mundo se siente así algunas veces. Tener sentimientos de enojo puede hacer que te sientas mal dentro de ti, y si no sabes cómo manejar tu enojo, puede hacer daño a otras personas también. Si estás enojado, pregúntate:

1) ¿Por qué estoy enojado?

2) ¿Estoy enojado porque veo que alguien está haciendo daño a otra persona, o haciendo algo malo?

3) ¿Tengo una buena razón para estar enojado?

Cuando alguien hace daño a otra persona, por una razón mala, nosotros a veces llamamos eso injusticia. Cuando vemos que ocurren injusticias, nos puede enojar. Si ves que está pasando algo que hace daño a alguien, debes pedir a Dios que te ayude a saber lo que puedes hacer acerca de eso.

La Biblia (Mc 3:5) nos dice que un día Jesús vio a un hombre que tenía un problema malo con su mano. Aunque todos podían ver que necesitaba ayuda, nadie le ayudó porque era un día especial de la semana, llamado Sabbat. Toda esa otra gente creía que había muchas cosas que se suponía no debían hacer en el día del Sabbat - ¡ni siquiera para ayudar a alguien que claramente necesitaba ayuda! Cuando Jesús vio que nadie estaba ayudando al hombre, se enojó. Sin embargo, Jesús no siguió enojado. A cambio, Él se volvió hacia el hombre y le dijo que tendiera la mano, y el hombre tendió su mano. Cuando lo hizo, su mano fue curada. De modo que en vez de enfocar en Su enojo hacia la gente por no ayudar, Jesús se enfocó en lo que debía hacerse para ayudar al hombre. Sintió enojo, pero su enojo le llevó a resolver el problema.

Está bien enojarte cuando ves algo malo, pero el enojo debes usarlo apropiadamente. No dejes que el enojo te controle; en cambio, deja que te motive para resolver el problema, o, si no puedes resolverlo por ti mismo, para encontrar a alguien que pueda ayudar. (Si eres muy joven, podrías querer decir a tus padres o alguien con quien te sientes seguro lo que has visto o escuchado que te enojó.) Si estás enojado por algo malo o incorrecto que está sucediendo, la siguiente oración podría ayudar.

ORACIÓN

Amado Dios, veo algo que me enoja. Por favor ayúdame a ser parte de la solución. Condúceme hacia la gente que puede ayudar, y guíame para hacer lo que está bien. Amén.

Sin embargo, no todo enojo es causado por ver la injusticia. Hay muchas cosas que pueden causar que una persona se enoje. Sin embargo no todas esas razones son muy buenas razones. Por ejemplo, a veces puedes enojarte porque no conseguiste algo que querías, o porque las cosas no salieron como esperabas. Quizás perdiste en un juego que estabas jugando. O quizás tus padres no te dejan quedar hasta tan tarde como deseabas. O quizás no recibiste el regalo de cumpleaños que deseabas.

Ese tipo de enojo es diferente del tipo de enojo que Jesús sintió cuando vio que nadie ayudaba al hombre con la mano herida. Jesús pudo usar ese enojo para algo bueno; su enojo sobre lo que estaba viendo le hizo querer arreglar el problema, y por eso curó la mano del hombre. Pero este otro tipo de enojo - enojo que se trata mayormente de no salirnos con lo nuestro, o no obtener lo que queremos, o cuando nuestros sentimientos son heridos - usualmente no conduce a algo bueno. En cambio, solamente nos hace sentir mal por dentro. Por eso, cuando estés enojado, es importante tratar de descubrir por qué estás enojado. Si descubres que tu enojo es mayormente acerca de ti y tus sentimientos, Dios te puede ayudar. Él nos ha dado palabras que ayudarán a darte paz, y alejar de ti esos sentimientos de enojo.

Miremos lo que Dios dice acerca del enojo.

(DI ESTO EN VOZ ALTA)

Dios tiene misericordia. Él perdona a la gente. Él controla Su enojo. Ya que Dios me hizo, debo seguir Sus maneras y perdonar a la gente también. Controlaré mi enojo. (Sal 78:38)

Dios, Tu eres compasivo. Lento para enojarte, pero rico en bondad. Puedo confiar en Ti. Ayúdame a tener compasión. No permitas que hiera a la gente porque estoy enojado. En cambio, ayúdame a sentir amor. (Sal 86:15)

Un tonto actúa su enojo, pero una persona sabia se mantiene a sí misma bajo control. No soy tonto, por eso no voy a actuar mi enojo. Me mantendré bajo control. (Prov 29:11)

Una persona enojada empieza problemas con otras personas. Una persona enojada se hace daño a sí misma y a otros. Escucharé a Dios y no me haré daño ni haré daño a otros. No seguiré enojado. (Prov 29:22)

Porque apretándose la leche se saca mantequilla, apretándose la nariz, sangre y provocando el enojo, viene las peleas. No quiero pelear, y ciertamente no quiero una nariz sangrienta, por eso no me enojaré. (Prov 30:33)

Jesús nos enseña a amarnos unos a otros. (Jn 13:34) Si estás enojado con alguien, discúlpate con Dios y reza por la persona con quien estás enojado. Encontrarás que rezar por la persona con quien estás enojado te hará sentir mejor. Has esto tantas veces como sea necesario. Si hiciste o dijiste algo hiriente a alguien por tu enojo, es mejor disculparte con Dios y luego con la persona a quien hiciste daño. Esto te ayudará a tener ese sentimiento de paz de nuevo en tu corazón. Jesús también nos dice que debemos rezar por los que nos hacen daño, y que debemos amar a nuestros enemigos. (Mt 5:44)

La razón por la cual Él nos dice que debemos rezar por las personas que nos hacen daño es porque ellas sufren de daño por dentro también. No necesitan que alguien esté enojado con ellas y que las lastimen. Necesitan que alguien ore por ellas, de modo que puedan tener paz en sus corazones. Una vez que tienen paz en sus corazones, no harán daño a otras personas. Por eso es que Jesús quiere que oremos por las personas que son malas con nosotros y que nos hacen daño. Puede ser que no se sienta natural, pero cuando haces lo que Dios quiere, de seguro te hace sentir bien por dentro. Volverás a sentir paz, y mientras más reces por esas otras personas, mejor serán ellas también.

ORACIÓN

Amado Dios, por favor perdóname por estar enojado. Sé que (nombra la persona con la que estás enojado) es criatura tuya también y él/ella debe estar sufriendo ahora también. Por favor ayúdale a sanar por dentro, y por favor dale un sentimiento de paz. Deseo tener tu paz, Jesús. Por favor bendice a [nombra a la persona con quien estás enojado]. Amén.

Sentimientos malos hacia otras personas

Piensa acerca de todas las personas que conoces. Algunas son tus amigas. Te gustan tus amigos, y les gustas a ellos. Pero habrá alguna gente que no te gusta mucho. De hecho habrá alguna gente que no te gusta nada. Algunas veces la gente habla de que se odian.

Dios no espera que seas amigo con toda la gente que conoces. Y si alguien a quien conoces está haciendo muchas cosas malas, podría no ser bueno que estés cerca de esa persona.

Pero cuando alguien no te gusta tanto que empiezas a desearle cosas malas, o no te preocupas de él/ella para nada, eso es un problema.

Todos somos hijos de Dios. Él hizo a todos y cada uno de nosotros, y nos ama a todos de la misma manera. La Biblia nos dice que Dios no tiene favoritos. (Actos 10:34)

Dios nos ama a todos por igual, y Él quiere que nos amemos unos a otros. ¿Cómo puedes hacer esto si a ti realmente no te gusta cierta persona? Bien, Dios tiene mucho que decir acerca de este tipo de sentimientos.

Lo primero que tenemos que hacer es entender que la persona que no te gusta sigue siendo una criatura de Dios. No te gusta lo que esa persona dice o cómo actúa, pero tienes que recordar que Dios hizo a esa persona y que Él la ama.

¿Cómo debemos actuar hacia alguien que no nos gusta? ¿Qué debemos hacer? ¿Cómo puedes mostrar amor a alguien que no te gusta? Jesús nos dice que oremos por esa persona. Él también nos dice que amemos, no que juzguemos. Cuando nos fijamos en algo que no nos gusta acerca de alguien, estamos juzgándole. Es mejor recordar que Dios nos ama a todos por igual, y sólo porque alguien es diferente eso no quiere decir que Dios no le ame.

Habrá veces que tendrás que ver a personas que no te gustan, y hasta podrás tener que estar con ellas o trabajar o jugar con ellas. Cuando eso sucede, trátales del modo como te gustaría que te traten. No importa cómo alguien se sienta hacia ti, ciertamente no te gustaría que te tratara mal, querrías que serían educados y amables contigo. Así es como debes tratar a otra gente.

Podría surgir un problema cuando eres amable con alguien, pero por dentro estás pensando mal de esa persona. Siempre debemos ser amables con todos, pero no seas amable frente a esa persona mientras tienes sentimientos malos en contra de ella por dentro.

Si haces eso, estás mintiendo - una mentira a Dios. Dios ve dentro de nuestros corazones, y si eres amable con alguien, pero tienes sentimientos malos en su contra, eso es un tipo de mentira, y Dios no quiere que mintamos a Él o a otros. (Jn 8:32)

Entonces, ¿qué debes hacer si alguien no te gusta? ¿No debes dejar de ser amable con él o ella? No. Si hay alguien que realmente no te gusta mucho, la contestación es no demostrarlo siendo cruel o irrespetuoso o poco amistoso hacia esa persona.

Eso es no mostrar amor hacia esa persona, y Dios quiere que nos amemos unos a otros, ya sea que nos gusten o no.

Sentimientos malos hacia otras personas

Quizás te estás preguntando, ¿cómo puedo a mar a alguien si no me gusta? ¿No es amar y gustar como la misma cosa?d of the same thing?

Cuando Dios nos dice que nos amemos unos a otros, quiere decir que debemos cuidar el uno del otro. Debemos tratar de ayudar a otros que tienen problemas y necesitan nuestra ayuda, sin importar lo que sentimos hacia ellos. Y nunca debemos tratar de hacer daño a otros, y ni siquiera desear que les pase algo malo, ya sea que nos guste estar cerca de ellas o no.

Jesús contó una historia acerca de un hombre que se lesionó cuando iba por una carretera. Mucha gente pasó por donde estaba el hombre y vio que estaba muy lesionado, pero nadie se detuvo para ayudarlo; simplemente siguieron caminando. Finalmente un hombre vio lo mal que estaba y se detuvo para ayudarlo y llevarlo a un médico. Ese hombre - él que se detuvo para ayudar - mostró amor hacia el hombre lesionado. Él no lo conocía - nunca le había visto - pero sabía que el hombre era hijo de Dios, y que Dios quería que él lo ayudara. Eso es un buen ejemplo de lo que significa amar a otros.

Por eso si conoces a alguien que no te gusta, debes ser honesto con Dios acerca de esto, y pídele a Él que te ayude a sentir amor hacia esa persona. Lo mejor que puedes hacer acerca de cualquier cosa es hablar con Dios acerca de eso, así que dile a Dios cómo te sientes, y empieza a rezar por esa persona. Pide a Dios que bendiga a esa persona, y pídele que saque de tu corazón todos los sentimientos y pensamientos malos que tienes hacia esa persona.

Si ahora mismo estás en una situación como esa, podrías encontrar que la siguiente oración te podría ayudar.

Amado Dios, por favor perdóname por tener sentimientos y pensamientos malos acerca de [nombre de la persona]. Por favor limpia mi corazón y bendice a [nombre de la persona].

Sigue rezando de este modo todos los días, pidiendo a Dios que bendiga a la otra persona hasta que ya no tengas sentimientos o pensamientos malos hacia la otra persona. Esto no quiere decir que tienes que ser amigo o juntarte con esa persona. Lo que quiere decir es que tu corazón debe estar limpio y libre de pensamientos y sentimientos malos hacia todos los hijos de Dios. Pedir a Dios que bendiga a la otra persona te ayuda y ayuda a la otra persona.

Recuerda, Dios ve tu corazón, y Él quiere que lo que haces o dices esté de acuerdo con lo que está en tu corazón. Dios quiere que muestres amor a los otros, y que lo sientas en tu corazón también. Él no quiere que odiemos a otros, porque Él sabe lo mal que te haría sentir y haría sentir a Sus otros hijos.

(DI ESTO EN VOZ ALTA)

Jesús nos enseñó a amarnos unos a otros. Él dijo, "Como les he amado, así deben amarse unos a otros. En esto reconocerán que son mis discípulos, si se aman unos a otros". (Jn 13:34)

Amaré a otros en mis palabras y en mi corazón rezando por ellos.

Intimidación – Siendo intimidado

Todas las personas desean ser amadas y aceptadas. Pero a veces las personas no se dan cuenta de que SON amadas y aceptadas por Dios, que las ama más de lo que puedan imaginar. Porque no saben cuánto Dios las amas, en cambio empiezan a buscar el amor y la aceptación de otra gente.

No hay nada malo en ser amados y aceptados por otra gente, como nuestros amigos, padres y maestros. Dios quiere que todos nos amemos unos a otros. Pero el amor y la aceptación de Dios es lo que realmente importa. Y no tienes que hacer algo, o actuar de cierta manera, para que Dios te ame y acepte. Ya Él te ama y acepta, completamente, sin importar qué.

Cuando tú sabes—realmente sabes—que Dios te ama, no importa cuando otros no te aman. Y si tu sabes, realmente sabes, que Dios te acepta, no importa si otros no te aceptan. Escuché esas palabras de Dios una mañana cuando estaba pasando por un mal tiempo en mi vida. Una vez me di cuenta de cuánto realmente me ama, me di cuenta de que no debía tratar de actuar "cool", o de tratar de ser amiga de la gente popular. Dios me ama, y estoy OK.

Los bravucones (los que intimidan) lo hacen porque no saben cuánto Dios les ama. Creen que si ellos se meten con otras personas, entonces les verán como fuertes y "cool", y nadie se meterá con ellos. El error que cometen es que Dios no quiere que ellos intimiden a Sus otros hijos. Cuando los bravucones hacen eso, realmente se hacen daño a sí mismos. Si sólo se dieran cuenta de lo mucho que Dios les ama, ellos no necesitarían tratar de hacerse sentir mejor metiéndose con otra gente.

Si eres intimidado, debes decirlo a tus padres, maestros o a un adulto en quien confías. No debes quedarte con esto dentro de ti o mantenerlo en secreto. Eso debe parar, y debes decirlo a alguien. Dios tiene una manera especial para ayudarte. Es mediante la oración y hablando las palabras de Dios en voz alta.

(DI ESTO EN VOZ ALTA)

Dios no me ha dado un espíritu de miedo. Él me ha dado un espíritu de poder y amor, y una mente sana. (2 Tim 1:7)

Aquel que odia vive en la oscuridad. (1 Jn 2:9)

Invoco al Señor y me salvo de mis enemigos. (Sal 18:3)

Al Señor no le gusta un corazón que planea hacer cosas perversas. (Prov 6:18)

Sé valiente y firme, no temas ni te asustes ante ellos, porque el Señor, tu Dios, está contigo. No te dejará ni te abandonará. (Deut 31:6)

Recuerda, Jesús nos dice que oremos por nuestros enemigos. Él dijo, "Amen a sus enemigos y recen por sus perseguidores, así serán hijos de su Padre que está en el cielo." (Mt 5:44)

Por eso si el bravucón se mete contigo, por favor díselo a un adulto porque necesitas que un adulto te ayude. Pero no olvides también rezar por el corazón del bravucón. Ruega que Dios le ayude para que deje de hacer daño a ti, a otros o a sí mismo.

Jesús nos enseñó esta lección. Cuando tú rezas como Jesús nos dice, estás dando a conocer que eres una criatura de Dios, y Dios te ayudará.

Cuando tienes a Dios de tu lado, ocurren cosas asombrosas. Dios te protegerá, niño. Lo único que tienes que hacer es pedir a Él, y rezar por tus enemigos. Esa es la manera de Dios.

ORACIÓN

Amado Dios, me están intimidando y realmente necesito tu ayuda. Rezo por el corazón de [nombre del bravucón]. Él/Ella no sabe lo que hace. Dios, por favor perdona a esta persona. Y por favor protégeme para que pueda llevar a cabo los buenos planes que tienes para mi vida. Amén.

Intimidar – Siendo un bravucón

Si estás intimidando a alguien, por favor deja de hacerlo, por tu propio bien y el de ellos. A Dios no le gusta eso, que realmente te estás haciendo daño a ti mismo, mucho más de lo que crees. En realidad te estás enfrentando a Dios. Él te ama pero no puede tolerar el pecado, y al ser un bravucón estás pecando contra Dios. Eso quiere decir que no estás viviendo de la manera que Dios quiere. Cuando no vivimos de acuerdo a las maneras de Dios, terminamos por hacernos daño a nosotros mismos.

Si deseas tener paz en tu corazón y quieres que se alejen todos los sentimientos malos que tienes, esta oración te podría ayudar.

ORACIÓN

Amado Dios, por favor perdóname. No me gusta cómo me siento por dentro. Te ruego que entres en mi corazón y me enseñes Tus maneras. Por favor ayúdame a dejar de hacer daño a otros, y muéstrame lo que puedo hacer para cambiar. Dios, te amo. Dios, no quiero ser más un bravucón. Amén.

PRÓXIMO PASO

Tu próximo paso después de rezar debe ser disculparte con las personas a quienes has hecho daño. Dependiendo de cuán lejos esto ha ido, podrías tener que decirles a tus padres lo que has hecho. Esto puede asustarte y difícil para hacer, pero Jesús te puede ayudar.

Jesús dice, "La verdad te hará libre". (Jn 8:32) ¿Qué significa eso?

A veces cuando hacemos algo que sabemos que está mal, estamos tentados a mentir acerca de eso, o a esconderlo. Podría ser porque tenemos miedo de ser castigados, o quizás porque nos sentimos avergonzados de lo que hemos hecho.

Pero nunca es una buena idea mentir o tratar de esconder la verdad. Cuando mientes o escondes las cosas, el problema usualmente termina por ser peor y peor, porque tienes que decir aún más mentiras, para encubrir tus mentiras anteriores. Pronto te arrepentirás de haber mentido en primer lugar, pero para entonces la mentira ha llegado a ser tan grande, que tienes más miedo que nunca de decir la verdad.

Jesús llama a esto ser un esclavo. Eso es así, tú llegas a ser esclavo del pecado (hacer estas cosas malas).

Sólo Dios te puede hacer libre, y para que eso ocurra, tú debes hacerlo a la manera de Dios, y eso es diciendo la verdad. Simplemente di la verdad. Puede parecer difícil para hacer, pero una vez que hayas dicho la verdad acerca de lo que has hecho y cuánto lo sientes, volverás a tener paz en tu corazón y dejarás de ser esclavo del pecado. Eso es lo que Jesús quiso decir cuando dijo que la verdad te hará libre.

Entonces, las buenas noticias son que aunque hayas sido un bravucón, puedes dar vuelta a las cosas con la ayuda de Dios. Seriamente piensa en la necesidad de cambiar, porque la paz que esto te dará es un sentimiento mucho mejor que el que tendrías si te aferras a ese temor que tienes ahora mismo.

¿Qué temor? Temor de ser descubierto, temor de ser castigado o que algo malo te pasará si dejas de ser un bravucón - quizás temor de que no le gustarás a nadie. La verdad es que

Dios te ama. Él te ama más de lo que crees, pero a Él no le gusta cuando actúas como un bravucón. Dios.

Debes saber que Dios te ama. Dilo en voz alta ahora mismo. Simplemente di, "Dios me ama". Siéntelo. Una vez que lo has hecho, aquí hay otras cosas para decir en voz alta.

Pide a Dios que se mueva en tu corazón mientras dices estas palabras.

(DI ESTO EN VOZ ALTA)

No juzgues a otros, para no ser juzgado. (Mt 7: 1-5)

Haré a otros como me gustaría que otro hicieran conmigo. (Mt 7:12)

El Señor es mi luz y salvador; ¿a quién debo temer?(Sal 27:1))

No trataré de vengarme de la gente, o guardar rencor contra ellas, en cambio amaré a mi prójimo como a mí mismo. (Lev 19:18))

Amen a sus enemigos y recen por los que les hacen daño, y así serán hijos del Padre que está en los cielos. (Mt 5:44)

Esto es un tema muy importante. Repasemos los puntos más importantes de nuevo.

Primero, por favor sé, querido niño, que eres amado, más de lo que puedes imaginar. Dios ha planeado una vida buena para ti, pero debes dejar de hacer daño a otros y reconocer que estás haciendo estas cosas por el dolor que sientes por dentro.

Si rezas a Dios y le pides Su ayuda, y si dejas de ser un bravucón, Dios dará paz a tu corazón, pero no puedes hacer esto por ti solo. Necesitas la ayuda de Dios, y Dios está muy contento de ayudar al que pide. "Toca y la puerta se abrirá, busca y encontrarás, pide y se te dará". (Mt 7:7)

Repite una y otra vez, "Dios me ama incondicionalmente". Eso quiere decir que Dios te ama sin importar lo que hayas hecho. Él quiere que pidas Su ayuda. Él también quiere darte Su Espíritu Santo, pero tú debes pedirlo.

Requiere mucha valentía admitir que has hecho algo malo, y cambiar tus maneras y dejar de hacer cosas malas. Sin embargo, vale la pena. La paz y el amor que sentirás por dentro serán mucho mejor que cualquier sentimiento que tengas cuando intimidas a alguien.

Sinceramente ruego al Señor que te guíe hacia Sus brazos amorosos. Mi oración es para que Dios verdaderamente toque tu corazón y te muestre Su gran bondad y el bello plan que tiene para tu vida. Ruego para que encuentres la valentía para confiar en Dios y cambiar tus maneras. Dios te bendiga, niño. Amén.

Compromiso – Haciendo cosas que sé no debo hacer

Cuando escuchamos o usamos la palabra "compromiso", usualmente pensamos que es una cosa buena. Y a menudo lo es.

Digamos, por ejemplo, que tú y tu amigo están haciendo planes juntos. Tu amigo quiere jugar baloncesto, pero tú quieres correr bicicleta, y los dos acuerdan correr sus bicicletas hasta la cancha de baloncesto. De esa manera ambos están contentos. Eso es un buen compromiso. Pero hay otro tipo de compromiso que no es tan bueno. ¿De qué tipo de compromiso estoy hablando?

Imaginemos de nuevo que estás con tu amigo. Esta vez, sin embargo, tu amigo quiere que le ayudes a robar algo. Sabes que no debes hacerlo, desde luego, pero podrías estar tentado a hacerlo, sólo para que tu amigo no se enoje contigo.

A veces nos metemos en situaciones muy complicadas. Hay veces cuando sabemos lo que debemos hacer, pero queremos caerle bien a la gente, y queremos que estén contentos con nosotros, y por eso, terminamos por hacer cosas que sabemos no debemos hacer. Eso es un tipo malo de compromiso.

Cuando nos comprometemos acerca de lo que sabemos que es correcto o incorrecto, eso se llama comprometer nuestra integridad, o nuestros principios o nuestros valores. Eso significa que en vez de aferrarnos a lo que sabemos es correcto, cedemos y hacemos algo que sabemos es incorrecto.

Es obvio que hacer cosas que sabemos están incorrectas no es una buena cosa, ¿pero, es alguna vez OK? Tenemos que ir a la palabra de Dios y Sus maneras para encontrarlo. Veamos lo que Dios dice acerca de comprometerse.

Había una vez un rey llamado Darío. Uno de los hombres que trabajaba para él se llamaba Daniel. A Darío le gustaba Daniel porque era un hombre honesto y trabajaba fuerte. Siempre hacía un buen trabajo en todas las tareas que le daban. Daniel realmente amaba a Dios. Rezaba a Dios mucho y Dios le ayudaba a hacer bien las cosas.

Daniel era tan buen trabajador, y le gustaba tanto al rey, que la gente tenía celos de Daniel. Ya no le querían tener a su lado, así que lograron que Darío hiciera una nueva ley, que decía que a nadie se le permitiría rezar a cualquiera que no fuera el rey. La ley también decía que cualquiera que no obedeciera la ley sería echado a una manada de leones hambrientos. ¡Caramba!

Ahora Daniel tenía que escoger. Amaba mucho a Dios y rezaba a Dios todos los días, pero ahora el rey quería que rezaran a él en vez de a Dios. Daniel sabía que si se rehusaba a rezar al rey, ¡sería comido por los leones! ¿Qué harías en esa situación?

Daniel amaba tanto a Dios, él sabía que Dios le ayudaría, pero sólo si Daniel hacía lo que estaba correcto. Daniel tomó su decisión. Escogió rezar a Dios y no al rey. Hizo eso porque Daniel conocía a Dios, y sabía que seguir a Dios es siempre la cosa correcta que debe hacerse.

Cuando el rey descubrió que Daniel no estaba rezando a él, sino que estaba rezando a Dios, se enfadó mucho. A él realmente le gustaba Daniel, y sabía que Daniel era un buen hombre, pero la ley era

era la ley, así que echó a Daniel a la guarida de los leones hambrientos.

Sé que parece que la decisión de Daniel salió mal. Daniel escogió no comprometer su moral (su sentido del bien y el mal), de modo que ahora era alimento para los leones. Esta historia no parece tener un buen final. Pero veamos lo que pasó después.

Daniel sabía que había hecho bien en rezar sólo a Dios, y sabía que Dios estaría con él. Bien, él estaba correcto acerca de eso. Dios vio lo que estaba pasando y envió a un ángel para que estuviera en la guarida de los leones con Daniel. Ese ángel protegió a Daniel de los leones. Cuando el Rey Darío vino a ver lo que había pasado con Daniel, él se asombró de ver que Daniel seguía vivo, y que los leones no le habían hecho daño. El rey estaba en shock. El rey estaba tan impresionado que Dios había salvado a Daniel que hizo una ley nueva, diciendo que todos en el país debían creer y rezar a Dios, porque Dios había salvado a Daniel de los leones hambrientos.

Si Daniel no hubiese hecho lo que sabía era correcto, se hubiera comprometido a sí mismo. Entonces nadie habría visto las cosas poderosas que Dios puede hacer.

Dios quiere que seamos como Daniel. Quiere que hagamos lo que es correcto, sin importar qué. Eso es siempre la cosa mejor que hacer.

Cuando tienes que elegir entre algo que sabes es lo correcto para hacer y algo que sabes es incorrecto, el comprometerte haría daño a ti y a otros, y te podría hacer sentir realmente mal acerca de ti mismo.

Si te encuentras en una situación ahora mismo cuando podrías estar pensando hacer o decir algo malo, por favor di esta oración.

ORACIÓN

Amado Dios, por favor ayúdame a tomar la decisión correcta. Puedo tener miedo pero confío en ti. Dios, salvaste a Daniel de los leones hambrientos, y sé que me ayudarás a guiarme y protegerme también. Amén.

(DI ESTO EN VOZ ALTA)

Nadie puede tener éxito haciendo lo incorrecto; el verdadero éxito sólo viene a la gente que hace las cosas correctas. (Prov 29:25)

Si temo a otros tendré problemas, pero si confío en Dios y hago lo correcto me mantendré a salvo. (Prov 29:25)

"Oh no, ¿qué pasa si es muy tarde? ¿Qué pasará si ya me comprometí e hice algo que no debí hacer"? La buena noticia es que Dios te ama. Debes ser honesto acerca de lo que hiciste, y decir todo a Dios. Dile que lo sientes. Si hiciste daño a otros, debes disculparte con ellos también. Pide a Dios te dé la valentía para tomar decisiones mejores la próxima vez que estés tentado a comprometerte. Podrías encontrar que esta oración te ayude.

ORACIÓN

Amado Dios, siento mucho haber hecho lo incorrecto. Por favor perdóname. Enséñame tus maneras para que no lo haga de nuevo. Por favor dame la valentía que necesito para decir la verdad y por favor sana a toda la gente a quien he hecho daño. Amén.

Depresión

Todos a veces nos sentimos tristes. Usualmente sabemos por qué estamos tristes, y nuestra tristeza pasa al poco tiempo.

Pero alguna gente se siente triste todo el tiempo, o a menudo se sienten tristes sin saber porqué. Ese tipo de tristeza se llama depresión, y podría ser un problema real para la gente que la sufre.

Si luchas con la depresión, Dios tiene mucho que decirte. Cuando trabajaba como trabajadora social tuve muchas oportunidades de trabajar con gente deprimida. Encontré que muchas personas sólo necesitaban ayuda con su pensamiento. Dios tiene mucho que decir acerca de nuestros pensamientos.

He tenido el honor de trabajar con muchos tipos de gente diferentes, y lo que he aprendido es que Dios nos ama a todos. La gente que lucha con depresión severa podría necesitar más que asesoramiento. He tenido el privilegio de ver a Dios usar diferentes personas y herramientas y técnicas para ayudar a curar la depresión severa. Si estás sufriendo de depresión extrema, debes hablar con tus padres acerca de eso, pero también debes pedir a Dios que te ayude. Dios sabe exactamente lo que necesitas. En esta sección voy a compartir contigo lo que Él me ha enseñado acerca de la depresión y cómo a menudo se relaciona con la manera como pensamos.

La Biblia nos habla de un hombre llamado Elías que vivió hace muchos años. Él amaba mucho a Dios y sentía una conexión muy estrecha con Dios. Dios hablaba a Elías a menudo, pero hubo un tiempo cuando Elías estaba muy deprimido, al punto de rogar que su vida terminara. Esto era muy triste, ya que la vida es un regalo muy preciado de Dios, pero en ese momento Elías estaba tan deprimido que eso no le importaba. ¿Qué estaba pasando para que Elías se sintiera tan deprimido? Veámoslo.

Una mujer llamada Jezabel estaba amenazando la vida de Elías. Ella hizo todo tipo de amenazas contra él, y básicamente ella era una bravucona. Elías estaba muy triste y temía que Jezabel haría que lo mataran. Elías estaba triste también porque sabía que Jezabel no seguía las enseñanzas de Dios. Elías amaba tanto a Dios que no podía entender por qué todos no amaban a Dios.

Por eso Elías huyó. Dejó su casa y se fue a un largo viaje. Al caminar, Elías se deprimió tanto que se sentó debajo de un árbol y rogó a Dios para morirse ahí mismo. Él pidió a Dios que le quitara la vida. ¿Puedes imaginar cuán triste uno tiene que estar para sentir de esa manera?

Dios preguntó a Elías, "¿Qué estás haciendo y por qué me estás pidiendo que te quite la vida"? Elías sintiendo lástima por sí mismo, dijo a Dios, "Todas estas cosas malas me están pasando, y además yo soy el único que te conoce y te ama".

Dios sabía que tenía que ayudar a Elías con ese modo de pensar. Dios sabía que Elías realmente se sentía muy mal, pero por lo que se sentía mal estaba basado en la manera que estaba pensando. Y todos los pensamientos de Elías eran incorrectos.

Dios le dijo a Elías que volviera a su casa, y Dios le hizo ver claramente que miles de personas todavía amaban a Dios.

Lo que me vino a la mente cuando leí esta historia en la Biblia es que Elías realmente conocía a Dios. Él rezaba mucho a Dios y Elías conocía el poder de Dios. Una vez Elías rezó para que dejara de llover, y no solamente la lluvia paró, ¡sino que no volvió a llover por tres años! Por eso porque la gente necesitaba la lluvia, Elías rezó para que volviera a llover, y llovió.

Elías conocía a Dios. Sabía que Dios contestaría sus oraciones, pero aún así él estaba asustado y deprimido porque estaba pensando acerca de todas las cosas malas que estaban pasando. Esto nos enseña que debemos ser cuidadosos acerca de lo que pensamos porque nos puede pasar lo mismo. Lo que quiero decir es que no debemos enfocarnos siempre en las cosas malas en nuestras vidas, y que sentir lástima por nosotros mismos cuando las cosas malas ocurren puede hacernos sentir peor. Entonces es cuando debemos recordar que no estamos solos, que Dios nos ama, y que Dios nos ayudará, sólo si se lo pedimos.

Volviendo a nuestra historia, ¿qué hizo Dios por Elías? No solamente le dijo que volviera a su casa, sino que Dios le dio un trabajo importante para que Elías hiciera cuando llegara a su casa. Y Dios corrigió el pensamiento de Elías mostrándole que había mucha gente en el mundo que amaba a Dios también. Todo eso ayudó a Elías a dejar de sentirse tan deprimido.

Si luchas con la depresión, o si te sientes solo y triste, por favor di esta oración.

ORACIÓN

Amado Dios, me he sentido muy solo y triste últimamente. Necesito tu ayuda con mis pensamientos. Jesús, ayúdame a tener pensamientos mejores, y recuérdame todas las cosas buenas y bendiciones que tengo en mi vida. Amén.

Recuerda, si siempre te enfocas en ti mismo y tus problemas, éstos solamente aumentarán. Lo que debes hacer es enfocarte en Dios. Pídele que te dé un trabajo para hacer. Todos tenemos trabajos que hacer; ahora mismo, mi trabajo es escribir este libro. Tu trabajo puede ser ayudar a alguien que tiene una necesidad. Si haces lo que Dios te pide que hagas, tendrás paz en el corazón y la mente. Por eso empieza a pensar en Dios y su grandeza. Él te ayudará.

(DI ESTO EN VOZ ALTA)

¿Por qué estás tan triste alma mía? ¿Por qué estoy tan inquieto por dentro? Pon tu esperanza en Dios. Escogeré alabarle y pensar en todas las cosas buenas que Dios ha hecho. (Sal 42:5)

Recordaré a Dios y tendré esperanza. (Lam 3:21)

Las bendiciones de Dios renacen cada mañana. (Lam 3:34)

Dios es fiel y esperaré por Él. (Lam 3:24)

Dios es fiel y esperaré por Él. (Lam 3:24)

Dios nos muestra compasión, y Su amor nunca falla. (Lam 3:32)

El Señor es bondadoso para los que esperan en Él. (Lam 3:25)

Bochorno

"Oh no, ¡dime que no hice eso! …¿Me están mirando? ¿Qué pensará la gente de mí?

Todos nos hemos encontrado en situaciones embarazosas. Cayéndonos en público, cayéndonos de una silla, pasar un gas en la escuela. Oh Dios mío, ¿te estás sonrojando de sólo pensar en eso?

A nadie le gusta abochornarse. Cuando todos los ojos se fijan en nosotros, nos sentimos conscientes de nosotros mismos. Eso quiere decir que estamos pensando acerca de cómo la gente que nos rodea nos ve.

¿Por qué reaccionamos de esa manera? Una razón es que nos preocupamos por lo que otros van a pensar de nosotros. No nos gusta cuando la gente piensa mal acerca de nosotros, o cuando se ríen de nosotros porque cometimos un error o tuvimos algún tipo de accidente.

¿Qué debemos hacer en estas situaciones incómodas? ¿Tiene Dios algunas palabras para nosotros en estas situaciones? Sí, las tiene. Recuerda, Dios realmente se preocupa por lo que te pasa. Él nos ama y se preocupa mucho por nosotros, y nos ha dado unas cuantas palabras para lo que debemos hacer cuando nos sentimos abochornados. De esas palabras podemos desarrollar un plan para lo que debemos hacer cuando estamos abochornados por algo.

Paso 1: Pide ayuda a Dios en la situación. La Biblia (Sal 20:1) dice, "Que Dios te oiga cuando estés angustiado. Que te proteja el nombre de Dios".

Paso 2: Evalúa la situación. Si otras personas se ríen de ti, eso no quiere decir que quieren herir tus sentimientos. Quizás lo que les hace reír—la cosa que te hace sentir abochornado—fue realmente graciosa. En momentos como esos, no es una mala cosa poder reírse de ti mismo también. Quizás proporcionaste un alivio cómico muy necesario en una situación mala. Y todos pueden tener una buena carcajada, en una diversión sana, sin herir los sentimientos de alguien. La Biblia nos dice que hay un tiempo para cada cosa y un momento para cada actividad bajo el cielo: un tiempo para llorar y un tiempo para reír; un tiempo para estar triste y un tiempo para bailar. (Eclc 3:4) Por eso quizás es un buen tiempo para reír. Sin embargo, si no encuentras nada cómico en esta situación, podrías desear guardar estas palabras en tu corazón y en tu mente. De ese modo, la próxima vez que te encuentres en una situación embarazosa, sabrás qué pensar y decir.

(DI ESTO EN VOZ ALTA)

Los burlones (gente que embroma o se ríe de otros) alborotan una ciudad, pero los sabios apaciguan la cólera. Soy una persona sabia, y no dejaré que sus bromas me enojen. (Prov 29:8)

Temor ante los hombres es un lazo, pero quien confía en el Señor está seguro. No temeré lo que otra gente piense de mí. Confío en ti, Dios, y sé que me ayudarás. (Prov 29:25)

Toda palabra de Dios es perfecta. Eres un escudo para todos los que confían en ti. Confío en ti; sé mi escudo. (Prov 30:5)

Dios resiste a los orgullosos, pero concede favores a los humildes. (St 4:6)

Nada nos humilla más (nos hace sentir sin importancia o sin poder) que el que otros vean nuestras flaquezas. Pero Dios te concederá la gracia para sobrellevar esto. Va a salir bien.

Temor – Sentirse nervioso, temeroso, preocupado o miedoso

Cualquier cosa que no es de Dios es temor. ¿Sabías que las palabras "No temas" aparecen en la Biblia 365 veces? Una vez escuché a alguien decir que eso es un "No temas" por cada día del año.

Dios tiene mucho que decir acerca del temor. ¡Él quiere que no temas!

Si temes y estás luchando con el temor, la Palabra de Dios te ayudará. Dios te dará fortaleza y valentía, pero debemos ir a Dios y leer lo que Él dice acerca del temor.

En la Biblia, el escritor del Evangelio Juan (1 Jn 4:18) nos dice que no hay temor en el amor. El amor perfecto echa fuera el temor. Sabemos que Dios es amor perfecto, y la Biblia nos dice también (Rom 8:38-39) que nada podrá separarnos del amor de Dios. ¡Éstas son buenas noticias! No importa lo que hayas hecho o dejado de hacer, no importa lo que hayas dicho, Dios sigue amándote y siempre te amará. NADA hará que Dios deje de amarte. Si realmente sabes lo mucho que Dios te ama, te darás cuenta de que no debes temer. A Dios podría no gustarle lo que hacemos a veces, pero Él nunca jamás dejará de amarnos. Si te encuentras temeroso, preocupado o nervioso, o estás pasando por todas las otras emociones malas enlazadas con el temor, por favor di esta oración.

ORACIÓN

"Amado Dios, no tengo nada que temer. Sé que me amas y que me ayudarás. Confío en ti, Dios. Por favor ayúdame a no temer. Amén.

No importa lo que temes, cuando te enfocas en Dios y dices Sus palabras en voz alta, eso echa fuera el temor. Ya que Dios es amor, Sus palabras son las armas que debes usar contra el temor. Siempre que te sientas temeroso, pide a Dios que te proteja y di Sus palabras en voz alta. Sé que Dios te ama y está contigo. Encontrarás que esto funciona muy bien. Es mejor memorizar algunas de las palabras de Dios si puedes, de modo que siempre las tengas contigo. El temor siempre tratará de asustarte, pero Dios SIEMPRE alejará el temor de ti. Hay poder en la palabra de Dios, mi niño. Úsalo y cree en lo que Dios dice.

(DI ESTO EN VOZ ALTA)

El Señor es mi luz. Él me salva; ¿A quién temeré? El Señor tiene mi vida en sus manos; no temeré a nadie. (Sal 27:1)

Busqué al Señor y me contestó. Él me libra de todos mis temores. (Sal 34:4)

Quien escucha al Señor vivirá seguro sin temor a que le hagan daño. (Prov 1:33)

Si temes a la gente, tendrás problemas, pero si confías en Dios, Él te mantendrá a salvo. (Prov 29:25)

Aquellos de ustedes que están asustados en sus corazones, sean fuertes y no teman. Dios vendrá y te salvará. (Is 35:4)

No temas, porque estoy contigo. No desconfíes; Soy tu Dios. (Is 41:10)

Temor – Sentirse nervioso, temeroso, preocupado o miedoso

Soy tu Dios; te tomo de la mano derecha. No temas, te ayudaré. (Is 41:13)

No temas lo que la gente pueda hacer o decir a ti. Soy tu creador y te consolaré. (Is 51:12-13)

Perdón y límites o linderos

Jesús nos dijo que debemos perdonar a otra gente. ¿Pero qué significa perdonar, y por qué debemos hacerlo?

Ya que somos humanos, ninguno de nosotros es perfecto. Todos hemos hecho daño a alguien en algún punto en nuestras vidas. Todos cometemos errores y a veces hacemos y decimos cosas que no debemos, y a menudo eso termina por hacer daño a otros, incluso a la gente que queremos mucho.

Y a veces somos los que sufrimos daño cuando otras personas hacen lo que no deben. Cuando esto sucede, tenemos que hacer una elección: podemos seguir enojados por lo que la persona nos hizo daño, o podemos optar por perdonarla. Perdonar es algo que a veces es difícil hacer, especialmente cuando sentimos que no hemos hecho algo malo para merecer ser tratados tan mal. No obstante, cuando perdonamos a la gente, estamos habiendo algo bueno por nosotros mismos al igual que para la gente que nos lastimó.

Cuando perdonamos, estamos soltando los malos pensamientos y sentimientos que podamos tener. Estamos dejando que Dios los aleje de nosotros, para que podamos volver a tener ese sentido de paz en nuestros corazones.

¿Cómo perdonamos? Cuando alguien nos hace daño, Jesús nos dice que recemos por esa persona. Lo cierto es que la persona que te hizo daño probablemente ha recibido daño también. Cuando la gente hace daño a los que la rodean, posiblemente se debe a que ellos también se enfrentan a algunos sentimientos malos. Tener pensamientos malos o de enojo acerca de esa persona no te ayuda ni ayuda a la persona que te lastimó. Cuando vas a Dios y rezas por esa persona, invitas a Dios a la situación para que te ayude con los malos sentimientos y para que ayude a la persona que te lastimó. Eso es muy importante, porque a cambio de malos pensamientos en todas partes, ahora estás pidiendo por sentimientos de paz y amor, tanto para ti como para la persona que te lastimó.

Sé que eso podría no sentirse como natural. Podría ser muy difícil para hacer, pero Jesús nos dice que es la única manera para volver a tener paz. No sé lo que piensas, pero yo disfruto los sentimientos buenos en vez de los malos, por eso es importante que hagamos esto a la manera de Dios.

LÍMITES O LINDEROS

Ahora tengo que hablarte acerca de los límites (linderos), ya que el perdón y los límites van juntos. A veces cuando perdonamos a la gente, nuestras relaciones con ellas mejoran, porque alguna gente se arrepiente. Eso quiere decir que se han dado cuenta de que han hecho algo incorrecto, y han cambiado de modo de ser, de modo que ya no te harán daño. Es maravilloso cuando esto sucede, pero no siempre sale así. Simplemente porque hemos perdonado a alguien no quiere decir que se arrepentirá y dejará hacer daño.

Siempre debes perdonar a la gente que te hace daño, pero eso no quiere decir que debas permitir que alguien siga haciéndote daño. Cuando estaba pensando acerca de esta parte del libro, Dios me dio algunas ideas respecto a lo que Él quería que dijera, de modo que empezaré por la primera cosa que me trajo a la mente.

La Biblia nos dice en el Evangelio de Lucas (4:28-30) que un día Jesús estaba enseñando a la gente que quería escucharlo. Aunque Él no había hecho algo malo, a algunas personas no les gustó lo que estaba diciendo y estaban muy enojadas con Él. Ellas echaron a Jesús fuera del pueblo. Estaban tan enojadas y molestas que querían tirar a Jesús por un barranco, pero Jesús simplemente se alejó caminando de ellas.

Otra historia viene del Evangelio de Juan (Jn 10:39). De nuevo Jesús estaba enseñando a la gente, y algunas personas se enojaron y trataron de agarrar a Jesús para hacerle daño, pero Él se escapó de ellas.

Así que ahora tenemos dos veces cuando Jesús escapó de los que estaban tratando de hacerle daño. Si echamos un vistazo al Primer Libro de Samuel (1 Sam 20:12-13), encontramos una historia similar acerca de un hombre llamado David.

Había un rey llamado Saúl, pero Dios tenía a alguien más en mente. Dios escogió a un niño llamado David. David era bueno y amaba a Dios. Sin embargo, el Rey Saúl tenía celos de David y no quería que David fuera rey. El mejor amigo de David era Jonatán, el hijo de Saúl. Cuando Jonatán fue a hablar con su padre acerca de David, ¡descubrió que Saúl estaba planeando matar a David! Jonatán se lo contó a David, para que David tuviera la oportunidad de salir del pueblo y salvar su vida.

Podrás estar preguntándote, ¿cómo eso se relaciona con el perdón? Bien, hay gente en el mundo que trata de hacer daño a otros, y a veces nos hacen cosas malas. Si esto sucede, siempre debemos rezar por la persona que está haciendo estas cosas. Sin embargo, no debemos permanecer en una situación donde la persona siga haciéndonos daño.

Otra manera de decir esto es que debemos establecer un límite o lindero entre nosotros y la otra persona. Un lindero es una clase de borde, o espacio, entre dos personas u objetos. Por ejemplo, si tienes una valla (verja) alrededor del patio de atrás de tu casa, esa valla crea un lindero entre tu patio y el patio del vecino. De modo que si pones alguna distancia entre tú y la persona que te hace daño, estás creando un límite entre ustedes dos.

Alguna gente cree que perdonar es quedarse con alguien que le hace daño una y otra vez. Jesús no hizo eso, ni tampoco lo hizo David. Dios tenía buenos planes para ambos Jesús y David, y Él tiene buenos planes para ti también, pero al igual que Jesús y David tuvieron que alejarse de la gente que quería hacerle daño, tú tendrías que alejarte también.

Siempre podemos rezar por la gente desde una distancia segura. Siempre podemos perdonarles en nuestros corazones, pero no quiere decir que debes permanecer en una situación mala. Simplemente porque tienes que salir de una relación o terminar una amistad no significa que no puedes perdonar a la otra persona. Lo que significa es que debes poner un espacio entre tú y la persona que ha estado haciéndote daño. Cuando haces esto, la otra persona podría darse cuenta de lo que ha hecho y puede conducirle a que se arrepienta - a que lo sienta y cambie su modo de ser. No siempre pasa así, pero a veces sí.

En la Biblia (Tito 3:10), se nos dijo que cuando alguien nos está haciendo algo malo, debemos decirlo a esa persona, una vez. Por favor date cuenta mi niño que cuando alguien te hace daño, eso está mal. Si lo vuelve a hacer, se nos dice que debemos advertírselo de nuevo y pedirle que no lo haga más. Si no cambia, debemos alejarnos de esa persona.

Dios no quiere que te hagan daño o que abusen de ti. Él te ama, y si alguien te está haciendo daño, debes rezar a Dios. Pide la sanación por la persona que está causando el daño, y por ti también. En segundo lugar, si la persona no cambia, y no deja de hacerte daño, entonces puedes salir de la situación. Está OK. Jesús lo hizo y David también. Estoy segura de que muchos otros lo han hecho también.

Déjame decir otra cosa acerca de qué hacer cuando alguien nos hace daño. Algunas veces la gente hiere nuestros sentimientos, y a veces hacen daño a nuestros cuerpos también. Cuando hacen daño a nuestros cuerpos (por ejemplo, cuando nos golpean), decimos que nos han hecho daño o abusado físicamente. Si alguien te ha hace daño físicamente o te ha tocado de un modo que sabes es incorrecto, tienes que decir a un adulto en quien confías lo que pasó, para que pueda protegerte para que no pase de nuevo.

Cuando alguien te ha hecho daño, debes rezar a Dios por esa persona y por ti mismo, pero no dejes que siga ocurriendo. Debes buscar ayuda si tu situación es mala. No estás haciendo algo malo cuando lo dices a alguien. Tengo más que decir sobre esto en la sección de "Secretos" de este libro. Por ahora, todo lo que necesitas saber es decir a un adulto si alguien te ha lastimado físicamente, o si ha estado haciendo algo que te hace daño una y otra vez.

ORACIÓN por perdón

Amado Dios, por favor perdona a [nombre de la persona] por hacerme daño. Sé que he hecho cosas malas en mi vida y que he hecho daño a otros también. Estoy arrepentido por eso. Por favor llénanos a ambos de tu paz y amor para que ambos dejemos de sufrir por dentro. Amén

La clave para perdonar es decir esta oración una y otra vez. Lo que quiero decir con esto es, siempre que empieces a pensar acerca de lo que otra persona te hizo, y empiezas a sentirte molesto debes rezar por ella. No sientas la ira; detenla en su trayectoria. Di la oración del perdón tantas veces como sea necesario. Sé que puede ser difícil, pero cuando haces esto, realmente estás haciendo algo bueno por ti y por la otra persona.

Dios te bendiga niño, y que Su amor y paz te guíen siempre.

(DI ESTO EN VOZ ALTA)

Sobre todo, muestra amor a los demás, ya que el amor cubre una multitud de pecados. Mostraré el amor rezando por los que me hacen daño. (1 P 4:8)

Sopórtense unos a otros, y si alguien tiene queja contra otro, perdónense; porque el Señor nos ha perdonado, y es por eso que debemos perdonar. (Col 3:13)

Si no juzgo, no seré juzgado; si no condeno, no seré condenado; si perdono, seré perdonado. (Lc 6:37)

Ama a tu prójimo como a ti mismo. El amor no hace daño al prójimo. (Mc 12:31)

Culpabilidad

¿Alguna vez te has sentido culpable por algo? Culpabilidad es el sentimiento que tenemos cuando sabemos que hemos hecho algo malo, o hemos causado un problema, o hemos hecho daño a alguien, y realmente nos sentimos mal por eso.

Aunque no se siente bien, la culpabilidad puede ser buena así como mala. Puede ser buena si conduce al arrepentimiento. ¿Qué significa eso? Arrepentimiento quiere decir que te sientes mal por algo que has dicho o hecho, y le dices a Dios que lo sientes. A veces cuando nos sentimos culpables, entonces eso es una cosa buena porque nos hace saber que hicimos algo malo que causó la pérdida de la paz en nuestros corazones, y que debemos arrepentirnos y pedir perdón.

Cuando esto nos pase, lo mejor que podemos hacer es admitir lo que hemos hecho mal y decir que lo sentimos a la gente que hemos hecho daño, y disculparnos con Dios. Una vez que hayas hecho esto, ese sentimiento de paz volverá. ¿Pero qué pasa si no vuelve? ¿Qué pasa si le dijiste a Dios que estás arrepentido de lo que hiciste pero sigues sintiéndote culpable? Ese tipo de culpabilidad puede ser malo.

Si te sientes de esa manera, tienes que echar un vistazo a los pensamientos que estás teniendo y volver tu pensamiento de nuevo a Dios. La razón es que una vez le dices a Dios que lo sientes, y realmente es así, Dios te perdona. Recuerda, Él te ama y quiere que tengas paz en tu corazón, no culpabilidad. Miremos lo que Dios dice acerca de esto.

La Biblia (Heb 4:15) dice que Jesús nos entiende. Él entiende todos nuestros errores y entiende cómo nos sentimos.

El apóstol Pablo (Fil 3:12-13) tenía mucho por lo que debía sentirse culpable. Había hecho muchas cosas malas -había sido realmente un bravucón con la gente de Dios - pero entonces cambió la manera de ser. Jesús ayudó a Pablo, y Pablo se volvió un hombre muy bueno, pero de vez en cuando Pablo pensaba en las cosas malas que había hecho, y se sentía mal de nuevo. Pero lo que Pablo aprendió es que tenía que dejar ir lo que había ocurrido en el pasado, y mirar hacia adelante hacia los planes buenos que Dios tenía para él.

Si pasamos mucho tiempo sintiéndonos culpables por las cosas que hemos dicho o hecho, perderemos las bendiciones y las cosas buenas que Dios tiene para nosotros ahora mismo. Dios no quiere que te sientas culpable porque te ama y te perdona. Todo lo que tienes que hacer es pedirlo. Una vez que le dices a Dios que lo sientes, empieza a pensar en las cosas buenas con las que Dios te ha ayudado. Es importante recordar el amor que Él tiene por ti. Sabiendo que Dios te ama te ayuda a tener paz por dentro, de modo que puedas seguir adelante y ayudar a otras personas también.

De la misma manera, si siempre estamos pensando en nosotros mismos - sentirse culpable puede causar esto - a menudo no nos damos cuenta de cómo se siente la gente alrededor nuestro. Digamos que tienes un amigo y ese amigo se siente realmente triste, pero estás tan ocupado sintiéndote culpable acerca de algo, que ni siquiera notas que tu amigo necesita ayuda.

Si en cambio hubieras dicho, "Dios, sé que me amas, y yo estoy OK porque me amas. No me voy a sentir culpable hoy porque sé que me has perdonado", entonces habrías sentido paz dentro de ti y hubieras podido ayudar a tu amigo también.

Culpabilidad

Importa lo que pensamos y sentimos. A veces tenemos que ajustar nuestro pensamiento para lograr la paz que Jesús quiere que tengamos. Hacemos esto hablando las palabras de Dios. Y para encontrar las palabras correctas, tenemos que conocer lo que Dios dice acerca de la culpabilidad y la paz. Pensando los pensamientos de Dios y diciendo las palabras de Dios acerca del amor y la paz te ayudará dentro de ti, y ayudará a todos los que te rodean.

Si te estás sintiendo culpable, dile a Dios lo que hiciste. Discúlpate con Él y con la gente a quien has hecho daño, y luego reza a Dios. Aquí hay una oración sencilla que podrías querer usar.

ORACIÓN

Amado Dios, he hecho alguna cosa de lo que me siento r e a l - mente culpable. [Di lo que hiciste]. Me siento muy mal, Jesús, y siento mucho que he hecho esto. Por favor perdóname y por favor sana a la gente a quien he hecho daño. Perdóname, Señor. Amén.

Ahora es el momento para dejar de sentirte culpable y centrar tu pensamiento en Dios.

(DI ESTO EN VOZ ALTA)

Jesús conoce mis flaquezas y todos mis errores. Jesús me entiende y estoy OK. (Heb 4:15)

No me sentiré culpable acerca de mi pasado; en cambio me enfcaré en las cosas buenas que Dios hace por mí. (Fil 3:12-13)

Dios tiene planes para ayudarme, no para hacerme daño. No pasaré ni un minuto más sintiéndome culpable y perdiendo lo que Dios tiene preparado para mí. (Jer 29:11)

Dios me ama incondicionalmente. (Jer 31:3)

Celos

¿Alguna vez has deseado algo que alguien tiene? ¿Empezaste a sentirte molesto porque tenía algo que querías y tú no? Eso se llama celos. Los celos son una emoción muy peligrosa. Si luchas con los celos, por favor sigue leyendo porque los celos son una de las emociones más feas que puedas tener. Realmente puede hacer daño a ti y a los que te rodean. De hecho, cuando estás celoso estás creando un problema entre tú y Dios.

El Pastor Josh de la Iglesia Elim Chapel en Lima, Nueva York habló sobre este tema. Deseo compartir contigo lo que aprendí de él y lo que la Biblia dice acerca de los celos.

A veces escucharás la palabra envidia. Envidia es lo que sentimos cuando estamos celosos, tan celoso que podrías hasta hacer daño a alguien para obtener lo que quieres. Es una forma extrema de celos. Pero si estás un poco celoso o enfrentándote a la envidia, por favor sigue leyendo.

Dios tiene mucho que decir acerca de los sentimientos de celos y lo que puedes hacer acerca de los mismos. En la Biblia se dice que la envidia (celos extremos) "pudre los huesos". Eso quiere decir que la envidia es como un veneno que te hace sentir podrido por dentro. ¡CARAMBA!

La Biblia (St 3:16) nos dice también que donde hay envidia hay todo tipo de maldad. Maldad quiere decir algo perverso o moralmente malo. Trae daño a todos los que afecta.

Si sigues teniendo sentimientos de envidia o celos, estás invitando el mal en tu vida. Esto es muy dañino y puede causar resentimiento hacia otras personas. "Resentimiento" significa sentimientos malos y hasta odio hacia alguien, y te hace sentir que quieres ser malo con esa persona. Por eso es que los celos son tan malos, conduce a todos esos malos sentimientos y pensamientos hacia otras personas. Si no dejas eso, los celos te harán sentir podrido por dentro. Son realmente malos. Por eso es que Santiago dijo que donde hay celos también hay maldad.

¿Entonces es malo querer cosas? No, no es malo solamente querer algo. Lo que está mal es querer algo que pertenece a otra persona, tanto que quisiera que fuera tuyo y no de la persona. Ahí es donde el problema real empieza.

¿Por qué esto llega a ser un problema así? Déjame contarte una historia. Este libro vino por algo que le pasó a mi hija. Un día yo estaba en casa tocando el piano, y mi hija se molestó. Cuando le pregunté por qué estaba tan molesta, me dijo que tenía celos de mí porque yo tocaba el piano mejor que ella.

Supe que tenía que ayudarle a entender que ese tipo de sentimientos podía conducir a cosas realmente malas en su vida si ella no lograba controlarlo y aprendía qué hacer acerca de los mismos.

El problema con los celos es que te hacen enfocar en lo que otro tiene y no puedes ver, o te olvidas lo que Dios ha hecho por ti. También causa que te enojes, y eso no se siente bien. ¿Enojado con quien? Mucha gente no se da cuenta de que cuando están enojados por los celos, realmente están enojados con Dios. Su actitud es, ¿por qué Dios permite que esa persona tenga la cosa que quiero y no yo?

Entonces, cuando la gente está celosa, sienten como si Dios les debiera algo, pero de lo que no se dan cuenta, o se olvidan, es que Dios nos ama a todos. Él nos ha dado a cada uno un conjunto único de dones y talentos. Cuando estamos tan ocupados sintiéndonos molestos por lo que otra persona tiene, no podemos ver las cosas con las que Dios nos ha bendecido.

Esto realmente es un problema entre nosotros y Dios porque muy a menudo, las cosas de las cuales estás más celoso--las cosas que quieres más, que alguien tiene--son cosas que la otra persona no te puede dar. No te pueden dar sus talentos, o su habilidad, o cambiar de lugar contigo. Por ejemplo, yo no podía dar a mi hija la habilidad para tocar el piano. Yo había desarrollado esa habilidad mediante años de práctica y tomando clases. Simplemente no puedo darle mis habilidades. Nadie puede hacer eso.

Está empezando a sonar como si, cuando tenemos celos, nadie puede ayudarnos con los sentimientos malos. Entonces, ¿qué podemos hacer?

Para empezar, debes estar dispuesto a reconocer esta verdad: lo que pertenece a otros, les pertenece a ellos y no a ti. También debes estar dispuesto a disculparte con Dios y pedirle que te ayude a deshacerte de esos sentimientos de celos.

Pero hay mucho más que simplemente tratar de hacer que dejes de sentir celos. Estar dispuesto a ver los dones que Dios te ha dado. No pienses que no tienes alguno, porque sí tienes. Dios da a todos talentos y habilidades para compartir. Tenemos que encontrar cuales son, y concentrarnos en ellos. Como expliqué a mi hija, por ejemplo, ella puede aprender a tocar el piano por sí misma, y si estudia y practica lo suficiente, algún día puede llegar a ser una gran pianista. Quién sabe, ¡hasta podría ser mejor pianista que yo! O ella puede decidir que sus intereses y sus talentos están realmente en otra área -arte o baile, o escribir, o deportes - lo que sea. El punto es, ella tiene que descubrir por sí misma cuáles dones Dios le ha dado, en vez de sentir celos por los talentos que Dios ha dado a otra gente.

Tienes que descubrir tus talentos, también, y darte cuenta de lo mucho con lo que Dios te ha bendecido. Pero a veces el descubrir nuestras habilidades, y desarrollarlas, puede tomar un tiempo, y si te has sentido celoso por mucho tiempo, necesitamos atender eso ahora mismo para que puedas sacar ese mal de tu vida. El primer paso es admitir que tenemos este pecado feo, y pedir a Dios que nos perdone y nos ayude a eliminarlo.

ORACIÓN

Jesús, he estado celoso. He tenido malos pensamientos y sentimientos acerca de [nombre de la persona y la situación—di a Jesús todo acerca de ello]. Te pido me perdones por este pecado, y ayúdame a ver los buenos planes que tienes para mí en vez de enfocarme en los sentimientos de celos. Esto pido en Tu nombre. Amén.

(SAY THIS PRAYER OUT LOUD):

Jesús, por favor bendice a [nombre de la persona]. Muchas gracias por todos los dones que le has dado. Te pido que le bendigas aún más. Gracias y amén.

Sé que eso no se sentirá muy bien ahora mismo, pero es lo que Dios nos dice que hagamos. Al hacer esto estás dejando ir todos tus sentimientos malos y se los estás entregando a Jesús, para que Él los pueda alejar todos de ti.

Recuerda que Jesús es el Hijo de Dios, y Su meta para ti es que tengas un sentimiento de paz. Cuando estás celoso, tienes mucha maldad dentro de ti, y ninguna paz.

Jesús nos dice también que recemos por nuestros enemigos y que bendigamos a los que nos hacen daño. Sé que ahora estarás pensando, "Pero la persona de la que tengo celos no es mi enemiga". Pero para decirte la verdad, tú has hecho esa persona tu enemiga. O quizás una manera de decir esto mejor es que tú te has hecho enemigo de esa persona. ¿Cómo? Teniendo tan malos pensamientos y sentimientos hacia ella. Por eso es que es tan importante manejar esto a la manera de Dios. Aunque pueda ser difícil para hacer, es la única manera de restaurar la paz.

Ahora si ya has hecho daño a la persona de la que estás celoso, ya sea por tus palabras o acciones, debes disculparte con ella. Siempre debemos decir que lo sentimos a las personas que hemos hecho daño.

Es muy importante que sepas lo mucho que Dios te ama. Dios te ama. Él tiene un plan muy bueno para tu vida, y te ha dado muchos talentos y habilidades únicos. Ninguna otra persona en el mundo tiene exactamente los mismos talentos y habilidades que tú. Todo lo que tienes que hacer es ir a Dios y pedirle que te muestre lo que Él quiere que hagas. Créeme niño, cuando haces lo que Dios quiere que hagas, no habrá tiempo para que los celos entren. Sin embargo, si lo hacen, vuelve a esta sección y pon fin a esos sentimientos de celos a la manera de Dios. Es la única manera para recobrar tu paz interior, y volver al camino para seguir el plan maravilloso que Dios tiene para ti.

(DI ESTO EN VOZ ALTA)

Todos tenemos dones diferentes. Debemos reconocer y usar nuestros dones. (Rom 12:6-8)

Todo don bueno y perfecto viene de Dios. (St 1:17)

Cada uno de nosotros ha recibido un don para servir unos a otros, úsalo. (1 P 4:10)

Todos tenemos dones diferentes, pero el mismo Espíritu; nuestros dones se nos han dado para que hagamos bien en el mundo. (1 Cor 12:4)

Soledad

No hay sentimientos peores que puedas tener que el sentimiento de estar totalmente solo. El sentimiento de que nadie se preocupa, nadie te entiende y el sentimiento de que nadie te quiere.

Éste realmente es uno de los peores sentimientos en el mundo, pero, ¿sabes que esto no es cierto? Sí, sé que realmente te puedes sentir así, o te has sentido así en algún punto en tu vida, pero esos sentimientos te están mintiendo -son falsos.

La verdad es que Dios es nuestro creador, el que hizo todo el universo, y Él te ama tanto, y se preocupa tanto por ti, que envió a su Hijo, Jesús, a la tierra para vivir entre nosotros, y para enseñarnos cómo vivir. Jesús murió y volvió a la vida para que nosotros pudiéramos vivir con Dios siempre y nunca jamás sentirnos solos. (Ve Jn 3:16). Dios también da Su Espíritu a todos los que piden, ¡incluyéndote! Eso es lo mucho que Dios te ama.

El Espíritu Santo de Dios vive contigo y te ayuda cada día de tu vida. Dios nunca quiere separarte de ti. Él te ama tanto y nunca quiere que te sientas solo.

Cuando nos sentimos solos, el problema real que tenemos es con nuestro modo de pensar. Pensamos que estamos solos, y pensamos que no nos aman, pero esos pensamientos simplemente no son ciertos. ¿Cómo sabemos que no son ciertos? Porque Dios es perfecto, y Dios no miente. Dios nos dice que nos ama, incondicionalmente - eso quiere decir que no importa lo que pase, o lo que hagamos, Dios sigue amándonos lo mismo. Por eso nunca verdaderamente estamos sin amor. Dios nos ama siempre.

¿Y por qué a veces me siento solo? Bien, mucha gente no entiende eso a pesar de que Dios nos ama siempre, para nosotros poder realmente conocer y sentir el amor de Dios, debemos invitar a Dios en nuestros corazones y nuestras vidas. Dios te ama tanto que Él nunca quiere hacer algo que tú no quieres que Él haga, por eso Él espera pacientemente a que lo invites a tu vida.

¿Cómo invitamos a Dios para que entre? Pidiendo al Hijo de Dios Jesús que entre en nuestros corazones y en nuestras vidas, porque Jesús es el que te enviará el Espíritu Santo. El Espíritu Santo es un ayudante personal que vivirá dentro de ti. El Espíritu no cambiará tu personalidad, o quién eres - Dios te hizo y te ama como eres - pero Su Espíritu te ayudará a conocer y entender las maneras de Dios. Su Espíritu te ayudará también a tomar mejores decisiones y te consolará. El Espíritu de Dios hace posible que vivamos con Dios por siempre, porque Su Espíritu vive por siempre.

Por eso nunca estamos realmente solos. Y recuerda, Jesús murió y volvió a la vida para que todo esto fuera posible. Sé que puede ser difícil de entender, pero todo lo que Dios nos pide es que creamos en Su Hijo Jesús y que lo invitemos a nuestras vidas. Él quiere estar contigo por siempre, pero Él necesita una invitación. Dios te ama y quiere estar contigo todo el tiempo, pero Él quiere saber que tú quieres que Él esté.

Si estás listo para invitar a Dios en tu vida, di esta oración.

Amado Jesús, creo que eres el Hijo de Dios. Por favor perdóname por todas las cosas malas que he hecho. Sé que te necesito y te invito para que entres en mi corazón y en mi vida. Por fa-

vor ven y vive conmigo por siempre, y por favor dame el Espíritu Santo para que nunca esté solo. Enséñame tus maneras, Señor. Quiero estar contigo por siempre. Amén.

Dios tiene mucho que decir acerca de lo mucho que te ama. Miremos algunas de las palabras de Dios sobre el tema.

Jesús nos dice (Jn 16:7) que enviará al Espíritu Santo para que esté con nosotros por siempre. Lo hizo porque nos ama. Jesús también nos dice que no tengamos temor. Dios nos cuida tanto - Él sabe hasta cuántos cabellos tienes en tu cabeza. (Mt 10:30) ¡Eso es asombroso!

Jesús dice, "Estaré siempre contigo, hasta el fin de los tiempos". (Mt 28:20) ¡Esto no me suena como que alguna vez estamos solos! Y recuerda, Jesús nunca miente. Así que puedes creer en Él cuando dice que Dios está contigo siempre.

(DI ESTO EN VOZ ALTA)

Estoy contigo y te protegeré donde quiera que vayas. (Gén 28:15)

Sé fuerte y valiente. No temas, porque Dios está contigo donde quiera que vayas. (Jos 1:9)

Querido niño, si te sientes solo, te aliento para que estudies estas palabras de la Biblia. Son las palabras mismas de Dios para nosotros. Él está contigo siempre, y sabe por lo que estás pasando. Él se preocupa mucho por ti. Debes creer esto y recordar el amor que Dios siente por ti. Cuando estés listo podrás querer invitar a Jesús a tu vida si todavía no lo has hecho, y pedirle que te dé el Espíritu Santo. La Biblia llama al Espíritu "el Consolador" porque el Espíritu Santo te consolará cuando lo necesitas. El Espíritu te ayudará también a recordar las enseñanzas de Jesús. Mediante la intervención del Espíritu Santo, tendrás paz, y podrás enfocarte en Dios y en la gente que te rodea, en vez de simplemente sentarte ahí y sentirte solo.

Recuerda, no eres la única persona que se siente sola, y a menudo en estas situaciones, es de ayuda ser amigo de otra persona que necesita. Estarás haciendo bien por alguien más, y obtendrás un sentido de paz y amor en tu corazón, porque estarás caminando con Dios. No te sentirás solo nunca más.

Que el Espíritu Santo esté contigo y que llegues a saber lo mucho que Dios realmente te ama. Que Él camine a tu lado por siempre y que sea bendecido a medida que vives el gran plan que Dios tiene para tu vida. Amén.

¡Recuerda niño tú nunca estás solo!

Mentir

"Honestidad siempre es la mejor política". He escuchado eso muchas veces, y estoy de acuerdo con esto de todo corazón. Honestidad significa decir la verdad, y no decir mentiras. Todos hemos mentido en una u otra ocasión. Una mentira es algo que decimos que no es cierto. Por ejemplo, si rompiste uno de los platos buenos de tu mamá, pero le dices a ella que no lo hiciste, eso es una mentira. (Hay otros tipos de mentira, también—para más información sobre esto, lee la parte acerca de "Sentimientos malos hacia otras personas" (Pág. 17).

Jesús nos dice que la verdad nos hará libres. (Jn 8:32) Decir la verdad también nos ayuda a tener paz en nuestros corazones. Las mentiras, por lo contrario, causan todo tipo de problemas.

Un problema grande con las mentiras es que una vez que has dicho una mentira, tienes que seguir mintiendo para cubrir la primera mentira. Mientras más mentiras dices, más serán las mentiras que tendrás que seguir diciendo. Esto puede ser muy agotador porque si dices algo que no encaja con tus mentiras, tendrás que pensar en toda una nueva mentira, y todo empieza de nuevo. Y desde luego, todo el tiempo estarás inquieto pensando que alguien pueda descubrir la verdad, y entonces todos sabrán que has mentido.

Ninguna de estas emociones te da paz. La inquietud y el temor crean mucha más inquietud y temor; nunca crearán paz. Por eso es que Jesús quiere que digamos la verdad, desde el principio. No mientas, porque las mentiras te hacen daño y hacen daño a otra gente también. Siempre te dejarán sin paz.

Aquí hay una oración por si tienes problemas para decir la verdad.

ORACIÓN

Amado Dios, quiero ser veraz y honesto todo el tiempo. No quiero mentir a otros y tampoco quiero mentir a ti. Por favor ayúdame a decir la verdad todo el tiempo. Amén.

(DI ESTO EN VOZ ALTA)

Decir la verdad me hará libre de modo que pueda tener paz en mi corazón. (Jn 8:32)

Obedeciendo a Dios

Obedecer quiere decir seguir los mandatos o directrices. Cuando obedecemos, decimos que estamos mostrando obediencia, o que somos obedientes.

Quizás a veces realmente quieres ir a algún lugar o hacer algo, y tus padres dicen no, no puedes ir. Eso realmente incomoda, ¿no es así? A veces quieres hacer lo que tú quieres, pero no puedes.

Piensa en todas las personas que tienes que obedecer en tu vida—tus padres, tus maestros, quizás tu entrenador, o, si eres lo suficientemente mayor como para tener un trabajo, a tu jefe. Pero hay alguien más a quien debes obedecer, y es Dios. De hecho, obedecer a Dios es la obediencia más importante que puedas tener en tu vida.

Yo solía tener un problema realmente malo con la obediencia, y tuve dificultades más que unas pocas veces. Pero una vez que le pedí a Dios que me diera Su Espíritu Santo, Él empezó a adiestrarme en la obediencia. Deseo compartir algo de lo que Él me ha enseñado acerca del tema.

La primera cosa que debes saber es lo mucho que Dios te ama. Si alguna vez Él te dice que no hagas algo, puedes estar seguro que es por tu propio bien, y posible el bien de alguien más también.

Como dije, ha habido momentos cuando he querido hacer las cosas a mi manera, y Dios lidió conmigo sobre esto. Empezó un día cuando envié a mi hija para todo un día de clases. Esto era raro porque ella era educada en la casa, pero ella había empezado a participar en un programa semanal para niños educados en la casa.

Unos pocos meses más tarde, estaba leyendo mi Biblia, y me recordé de ese día, y cómo había enviado a mi hija sin almuerzo. Empecé a reírme, no porque era cómico pensar que ella no tenía nada que comer todo el día, sino porque no podía creer que yo pudiera hacer algo tan tonta. Dije, "Dios, no puedo creer que le hice eso a ella".

¡En ese mismo momento, Dios me habló!

Él dijo, "Julie, por eso es que es tan importante que me obedezcas. Puedes mirar atrás a ese día y reírte por lo que hiciste, porque no es un modo de vida para ti. Quiero que pienses en todos mis hijos en el mundo y cuyos padres realmente no se preocupan si sus hijos comen". Dije, "Señor, no puedo imaginarme eso, me da tristeza pensar sobre eso". Él continuó, diciendo, "Cuando te pido que me obedezcas es por todos mis hijos y otras madres que no me conocen y que no saben que lo que están haciendo está mal. Cuando me obedeces, me permites brillar a través de ti, para que la gente que no me conoce me pueda ver a través de ti. La obediencia no siempre se trata de ti. Es sobre todos mis hijos alrededor de ti".

Esto fue tan profundo para mí y una lección tan importante, porque hasta ese momento yo pensaba que Dios solamente me decía lo que tenía que hacer por mi bien, y que no afectaba a nadie más que a mí. Yo nunca entendí realmente que mi obediencia a Dios estaba destinada a ayudar a otros también.

Cuando obedecemos a Dios, damos la oportunidad a otra gente para que transformen sus vidas—para empezar una nueva vida con Dios, y empezar su propia relación con Él. Eso es importante porque ellos también pueden pedir el don del Espíritu Santo, y obtener su propio ayudante personal dentro de sus corazones, y tener paz en sus vidas también.

Fue asombroso para mí que Dios tomara ese recuerdo en el que yo estaba pensando en ese momento y que lo usara para enseñarme acerca de la obediencia.

Presté atención a lo que Dios me estaba diciendo, y recé y le pedí que me ayudara a querer obedecer a Él. Cuando me volví a sus palabras (la Biblia), aprendí que cuando obedecemos a Dios, estamos diciendo a Dios con nuestras acciones que confiamos en Él y creemos en Él. (Prov 13:13) El libro de Génesis nos dice que Abraham creía en Dios, y Dios llamó a Abraham virtuoso, significando que Abraham hacía lo correcto, y creía en lo que Dios le decía.

Cuando Dios nos dice que hagamos algo, o que no hagamos algo, debemos escuchar y obedecerle, porque al así hacerlo dejamos saber a Dios que escuchamos a Él, confiamos en Él y sabemos que nos está diciendo esto por nuestro propio bien y para el bien de otros. Dios realmente conoce el gran plan que tiene para tu vida. Dios quiere que vivas ese plan de modo que otros puedan verlo, y quizás les guste tanto que pedirán a Dios que entre a sus vidas también. Si has estado ignorando a Dios y no le has estado obedeciendo, podrías encontrar que esta oración es de ayuda.

ORACIÓN

Amado Dios, perdóname por no obedecerte. Ahora entiendo que si Tú quieres que yo haga algo, eso es por mi bien y el bien de otros. Por favor dame una mente y un corazón que quiere obedecerte. Esto lo pido en el nombre de Jesús. Amén.

El próximo paso es esto. Si sabes lo que Dios quiere que hagas, hazlo. Tienes que demostrarle a Dios que estás dispuesto a hacer lo que Él pide. Una vez que has hecho lo que Él te ha pedido, entonces Él podrá seguir adelante contigo, y darte más instrucciones.

Si no haces lo que Dios quiere que hagas, quedarás estancado ahí donde estás. Dios no te dará algo más para hacer hasta que hayas completado la tarea que ya te dio.

Es algo así como cuando tus padres te dicen, "No hay postre hasta que te comas la comida". Es igual con Dios. Debes hacer lo que Él te ha pedido que hagas, antes de poder pasar al próximo paso.

¿Qué pasa si no sabes lo que Dios quiere que hagas? Pide a Dios que te muestre el camino correcto a seguir y que te revele Su buen plan para ti. Él te lo mostrará, en el momento correcto. Sé paciente. Sólo te basta con saber que Dios te dará la instrucción a seguir. Entonces te toca a ti seguirla.

(DI ESTO EN VOZ ALTA)

Si no escucho y no obedezco, no puedo seguir adelante con el gran plan de Dios para mi vida. (Deut 30:20)

Si escucho y obedezco, Dios me premiará y tendré paz, porque estaré caminando con Dios. (Prov 13:13)

Cuando la gente no te cree

Se puede sentir muy mal cuando parece que la gente no cree lo que decimos. Hiere cuando no nos escuchan, especialmente cuando tratamos de decir algo importante, y sabemos que estamos diciendo la verdad. Nos puede dejar con un sentimiento de que no somos amados. ¿Qué podemos hacer acerca de esto? Deseo compartir una historia contigo.

Dios pidió a Moisés que fuera a una tierra llamada Egipto y que hablara al Faraón (que era como un rey). Dios quería que Moisés le pidiera al Faraón que liberara, dejara ir, a muchas personas que eran esclavas. Un esclavo es alguien que tiene que trabajar para otro, todo el tiempo, no recibe paga por esto, y no se le permite irse o renunciar. Dios quería que Moisés le dijera al Faraón que Dios quería que el Faraón dejara ir a esa gente.

"¿Pero qué pasa si el Faraón y sus ayudantes no me creen cuando les digo que Tú quieres que el Faraón deje ir a la gente"?, Moisés preguntó a Dios.

Moisés tenía un punto válido. Porque el Faraón usaba a los trabajadores esclavos para construir todo tipo de palacios y otros edificios grandes para ÉL. El Faraón nunca les dejaría ir, solamente por pedírselo. Pero era importante para ellos que los dejaran ir, porque el Faraón y otros egipcios trataban a los esclavos muy mal. Los jefes de los esclavos los golpeaban, y los hacían trabajar todo el día sin descanso.

Por eso Moisés no creía que el Faraón o cualquiera de los otros egipcios le iban a escuchar o a creer lo que decía.

Además Moisés temía que podría ponerse nervioso y no explicar bien las cosas. Moisés tenía miedo porque Dios le estaba pidiendo que hiciera cosas que Moisés no se sentía cómodo para hacer.

Dios escuchó a Moisés, pero Dios también tenía algunas preguntas que hacer. Dios preguntó a Moisés, "¿Quién te dio tu boca? ¿Quién te dio tu habla (tu habilidad para hablar)? ¿Quién te dio tus ojos? ¿Quién te dio tus oídos? Bien, desde luego, Dios le había dado todas esas cosas a Moisés. Dios hizo a Moisés, al igual que nos hizo a nosotros, y todo lo que nos rodea.

¿Sabes que otra cosa Dios dijo a Moisés? Él dijo, "No te preocupes cuando la gente no te escuche, y no te preocupes cuando no te crean. ¿Por qué no debes preocuparte? Porque yo, Dios, te ayudaré a hablar, y te enseñaré lo que debes decir, y te enseñaré cómo decirlo y cuándo decirlo". Así que Dios iba a darle mucha ayuda a Moisés.

Incluso Dios dijo a Moisés, "Tienes razón, no te creerán al principio y no te escucharán, pero hay una razón, Moisés". ¿Sabes cuál fue esa razón? Era para que ningún ser humano pudiera tomar crédito por lo que Dios iba a hacer en la tierra de Egipto. El plan de Dios era enviar a Moisés ahí porque Moisés estaba dispuesto a obedecer a Dios, y Dios iba a brillar a través de Moisés. Moisés era el instrumento de Dios - algo que Dios podía usar - y Dios iba a mostrarle a todos los egipcios, a través de Moisés, lo poderoso que Él realmente es.

Al principio el Faraón se rehusó a dejar ir a los esclavos; no quería escuchar a Moisés, como Moisés temía. Así que Dios hizo muchos milagros asombrosos a través de Moisés, para que el Faraón y los egipcios vieran que Moisés estaba diciendo la verdad. Finalmente el faraón cedió y dejó que los esclavos se fueran libres.

Si el faraón hubiera escuchado a Moisés desde el principio, y hubiera dicho, "Seguro, Moisés, dejaré ir a los esclavos", entonces nadie se habría dado cuenta de que Dios tenía algo que ver con eso, y no hubieran visto las cosas poderosas que Dios puede hacer. Era necesario que los egipcios no creyeran y no escucharan a Moisés para que Dios les enseñara todo lo que Él es.

Dios dio a Moisés talentos y dones especiales para mostrarle a la gente de Egipto que Moisés realmente había sido enviado por Dios. Y aunque Moisés tenía un poco de miedo, él sabía que podía confiar en Dios, incluso cuando nadie creía en lo que él tenía que decir. Y Dios ayudó a Moisés, cuando parecía que no había esperanza alguna.

No importa lo que te esté pasando ahora mismo, no importa cuán mal te sientes, Dios sabe lo que está pasando y Él tiene un buen plan para ti. Confía en Dios y Él te ayudará.

Existe una razón por la que nadie escucha ahora, y por la que la gente no te cree incluso cuando estás diciendo la verdad, y esa razón es que Dios tiene algo grande planeado para ti y para todos nosotros. Todo lo que tienes que hacer es preguntarle a Él qué quiere que tú hagas y entonces hacerlo, como lo hizo Moisés.

ORACIÓN

Amado Dios, por favor ayúdame a no molestarme porque nadie me cree ahora mismo. Tú conoces la verdad, Dios, y sé que tienes un gran plan para mí. Por favor ayúdame a saber qué quieres que yo haga y ayúdame a obedecerte. Amén.

(DI ESTO EN VOZ ALTA)

El Señor es poderoso y Él me protege; mi corazón confía en Él y Él me ayuda. (Sal 28:7)

Te conozco, Dios, y confío en Ti siempre; ayúdame cuando te lo pido. (Sal 9:10)

Dios tiene buenos planes para mí, planes para ayudarme y traer bien a mí, no para hacerme daño. (Jer 29:11)

Rechazo

Todos hemos sufrido rechazo. ¿Qué es rechazo? Rechazo significa que alguien no quiere estar contigo, o hablar contigo, o ser tu amigo, aunque tú quisieras estar, hablar o ser amigo de esa persona.

El rechazo puede hacernos sentir realmente mal. Cuando somos rechazados, sentimos que no somos queridos, que no se preocupan por nosotros, y nos sentimos heridos profundamente. Pero la verdad es que Dios nos ama mucho. Una vez pasé por un mal tiempo en mi vida y me sentí rechazada por gente que yo creía me amaba. En esos momentos me sentí muy herida, pero ahora doy gracias a Dios por ese rechazo, porque Dios lo usó para enseñarme que yo estaba dependiendo mucho de otra gente para amor y ayuda en vez de ir donde Él para esas cosas.

En esos momentos, me sentí increíblemente rechazada, pero hoy día no creo que mis sentimientos eran la verdad. Sí, hubo una división, o separación, entre esas personas y yo. En esos momentos pensaba que si ellos no me querían y no me aprobaban, seguramente Dios no me quería ni aprobaba tampoco. Si estas personas estaban enojadas conmigo, pensé, seguramente Dios debe estar enojado conmigo también. Si ellas no me aman, entonces Dios debe odiarme.

Así era como pensaba. Ese fue el peor tiempo en mi vida. Me sentía miserable y lloraba casi todas las noches. Pero después de un tiempo me di cuenta de que Dios tenía que sacar toda esa gente de mi vida para Él poder ayudarme a pensar correctamente. Dios me estaba enseñando que Él estaba todavía conmigo aunque otros no lo estuvieran, y Él me ayudó en esos momentos. Me enseñó que no tenía que buscar a otra gente para encontrar amor y aceptación. Poco a poco empecé a confiar en Dios.

Finalmente, una mañana desperté cuando una voz me hablaba. La voz dijo:

Cuando sepas, realmente sepas, que Dios te ama, no importa que otros no te amen. Y cuando sepas, realmente sepas, que Dios te acepta, no importa cuando otros no te acepten.

Dios me estaba hablando, y Él me estaba ayudando a sanar de toda esa angustia. Él estaba cambiando radicalmente mis ideas de Él y quién es Él realmente. Me sentí tan aliviada. Por mucho tiempo había sentido que si no podía complacer a otros, Dios tampoco me amaría. Tenía que aprender que Dios no retira Su amor. Dios no hará eso, porque Dios es amor.

No hay algo que nos pueda separar del amor de Dios. Necesitaba entender eso, y Dios tenía que mostrarme, cuando yo sentía que no le importaba a nadie, que Él estaba ahí. Él me ayudó con todos mis sentimientos malos, y empezó a enseñarme lo equivocado que había sido mi manera de pensar.

Sabía que Dios quería que leyera Sus palabras en la Biblia, por eso empecé a estudiar la Biblia todo el tiempo. Dios me condujo también a otros libros que fueron de mucha ayuda para entender mi modo de pensar. (Hay una lista de algunos de esos libros en la parte de atrás de este libro).

SDesde que el Señor empezó a ayudarme con mis pensamientos, mis sentimientos también empezaron a mejorar. Dios me ha enseñado cómo pensar a Su manera y cómo usar Sus palabras para mantener mis pensamientos y sentimientos enfocados donde deben estar: en Él.

Si te sientes rechazado te aliento para que digas esta oración a Dios:

Amado Dios, me siento muy herido y rechazado por otra gente. Por favor bendícelos, y ayúdame a no tener malos pensamientos o sentimientos hacia ellos en mi corazón. Ruego para que me consueles y me sanes. Te amo, Dios, y sé que me amas. Amén.

(DI ESTO EN VOZ ALTA)

Nada, ni la muerte o la vida o cualquier poder podrá jamás separarme de Tú amor, Dios. Tú me amas todo el tiempo, incondicionalmente. (Rom 8:38)

Dios es mi ayuda y mi fortaleza; confiaré en Él. (Sal 28:7)

Como el Padre me ha amado así te amo yo; permanece en mi amor. (Jn 15:9)

Me complace decir que el buen Señor ha restaurado todas esas relaciones rotas que tenía con la gente. Reparar esas relaciones ha sido una gran bendición en mi vida. Sin embargo, sé que cuando tenga un problema, debo recurrir a Dios, porque Él es mi ayudante y consejero, y Él me enseña lo que debo hacer. Me gusta tener gente en mi vida, pero Dios me ha enseñado que si ellos no me aman o no me aceptan, eso sigue estando OK, porque Dios lo hace, y Él es mi mejor amigo.

Querido niño, no importa qué, asegúrate en enfocarte en lo mucho que Dios te ama, y di Sus palabras en voz alta. Lee Sus palabras en la Biblia y conoce el buen plan que él tiene para ti. Su amor nunca termina. Él te ama mucho, anímate y date cuenta de que Él está contigo siempre.

Tristeza

Todos a veces nos sentimos tristes. La tristeza viene de muchas cosas: la muerte de un ser querido o de una mascota, o perder algo que nos importa mucho. Todo el mundo se ha sentido triste en algún punto en su vida.

Hasta Jesús estuvo triste a veces. Una vez, por ejemplo, un buen amigo de Jesús, Lázaro, se enfermó y murió. Cuando Jesús vino a ver a la familia de Lázaro Él vio lo triste que todos estaban por la muerte de Lázaro. Jesús mismo estuvo tan triste que empezó a llorar.

Estar triste es una emoción normal. Si has perdido a alguien o a algo muy especial, te sentirás triste por un tiempo. Puedes esperar que esto suceda, y no debes sentirte avergonzado o abochornado por esto. Toma tiempo sanar de la pérdida de un ser amado, y puedes ayudarte a sentirte mejor enfocándote en Dios y Sus palabras.

Podría ayudarte saber que Jesús sabe exactamente cómo te sientes. Se preocupa mucho por ti y tus seres queridos. ¿Sabías que Jesús ha preparado un lugar para cada uno de nosotros en el cielo? Jesús nos ha dicho que la casa de Su Padre (que es el cielo) tiene muchos cuartos, y Jesús dijo que él iba a preparar un lugar para nosotros ahí, para que al morir estemos con Jesús para siempre. Dios se preocupa mucho por nosotros y por los que amamos. Confía en Él cuando estés triste, y Él te ayudará a sentirte mejor pronto.

Si te sientes triste, habla con Dios, y cuéntale todo. Usa Sus palabras también—te ayudarán a encontrar paz.

(DI ESTO EN VOZ ALTA)

El Señor está cerca de todos nosotros los que tenemos el corazón partido, y Él nos ayuda cuando nuestro espíritu está decaído. (Sal 34:18)

Tengo el Espíritu Santo conmigo por siempre, y el Espíritu me consolará. (Jn 14:16)

No me quedaré como un huérfano, Jesús vendrá a mí. (Jn 14:18)

Jesús nunca miente. Él sólo dice la verdad, y estas son sus promesas para nosotros. Todo lo que tenemos que hacer es pedirle a Él ayuda. Él te sanará por dentro. Todo lo que tienes que hacer es caminar con Él, y escuchar todo lo que Él tiene que decir. Pronto te sentirás mejor, y tendrás paz en tu corazón.

Dios te ama. Si encuentras que te has sentido triste por mucho tiempo, o la mayor parte del tiempo, por favor mira la sección del libro que habla de la depresión. (Pág. 33).

Secretos: Cuándo guardarlos – Cuándo decirlos

Una persona en quien puedes confiar guardará un secreto. (Prov 11:13)

Todos hemos escuchado secretos; quizás tengas alguno ahora. Los secretos son una de esas cosas que aprendemos cuando somos muy jóvenes.

Muchos secretos son inofensivos. Por ejemplo, quizás tú sabes que a tu amiga Susie le gusta un muchacho llamado Ben, pero Susie te pide que no se lo digas a nadie, y que guardes su secreto. O quizás estás planeando sorprender a alguien con un regalo especial o una fiesta de sorpresa, y debes mantenerlo escondido de ellos, para que no lo descubran.

Esta clase de secretos está bien que se guarden, porque no le hacen daño a nadie. De hecho, la Biblia nos dice que si quieres ser confiable (alguien en quien otros puede confiar), no debes contar los secretos de otros.

Ser confiable es una buena cualidad que uno puede tener. La gente debe poder venir a ti y compartir cosas privadas, sin que tú lo vayas contando por dondequiera. Poder guardar un secreto te ayudará a que seas buen amigo para alguien.

Así que la regla aquí es que si nadie sufre daño por tu guardar un secreto, usualmente está bien. Sin embargo, hay algunas cosas que no deben ser mantenidas en secreto y deben decirse. Hablemos un poco acerca de cuándo no debes guardar un secreto.

SECRETOS – HABLANDO DE ELLOS

Algunos secretos son peligrosos si no se habla de ellos. Dios tiene mucho que decir acerca de guardar secretos y de cuándo debemos hablar de ellos. Si estás guardando un secreto que está haciendo daño, o podría terminar por hacerte daño o hacer daño a otro, debes dejar de guardar el secreto—debes decirlo. Quizás tengas miedo de decirlo, pero Dios tiene algunas palabras para ayudarte a no tener miedo. Él también nos da directrices acerca de cómo dejar de guardar un secreto que pueda causar daño a otro.

Si eres niño, y alguien está tratando de que guardes un secreto, o si te dicen que te harán algo malo si dices el secreto, eso es una cosa muy mala que ellos están haciendo. Si algo como eso pasa, debes ir donde alguien en quien confías y decirle lo que está pasando, porque a Dios no le gustan estas clases de secretos. Él te ayudará a pasar por esto, sin importar lo que la otra persona haya dicho para tratar de asustarte.

Dios dice, "No temas a esta gente, porque ningún secreto está realmente escondido". Dios ve todo—Él sabe lo que está pasando, y Él lo dará a conocer. (Mt 10:26)

Lo que esto significa es que no debes temer decir el secreto, porque Dios ya lo sabe.

Dios nos dice también que nada en toda la tierra está escondido a sus ojos. Todo está desnudo y al descubierto ante Él. Dios quiere que digamos la verdad, porque Él ya lo ha visto. (Heb 4:13)

La Biblia nos dice que Dios sacará todo lo que está escondido a la luz del día, ya sea bueno o malo. (Eclc 12:14) La Biblia (Lc 12:2) también dice que todos los secretos serán dados a conocer, y que lo que se ha dicho en la oscuridad se escuchará en la luz del día. Eso quiere decir que todo será expuesto, y la verdad sobre todo se dará a conocer. No hay modo de esconderse de Dios.

Dios está muy claro con nosotros que si alguien tiene un secreto sobre ti, o si sabes que alguien está siendo perjudicado o está en peligro debido a un secreto, es mejor decir ese secreto y sacarlo a la luz.

Si sabes acerca de ese tipo de secreto ahora mismo, debes decir el secreto enseguida. No esperes, porque ser veraz ayudará a todos en esta situación. Dios quiere que siempre digamos la verdad, porque Él quiere que nos amemos unos a los otros, no que nos hagamos daño. Y si el guardar un secreto va a hacer daño a otro, entonces no debes guardarlo - debes decirlo.

Así que si sabes de alguien o algo que está haciendo daño a otro, por favor díselo a un adulto en quien puedes confiar y con quien te sientes seguro. No importa lo que cualquiera te haya dicho para hacer que guardes el secreto, Dios es más grande y fuerte que ellos. Él es más grande que todos, y Dios te protegerá. Él también te ayudará a decir la verdad.

Si tienes un secreto que sabes que debes decir, pero temes decirlo, por favor di esta oración:

Amado Jesús, he mantenido este secreto por mucho tiempo. Por favor ayúdame a decirlo. (Di a Dios cuál es el secreto). Por favor guíame para decirlo a la gente que puede ayudarme, y perdóname por no haberlo dicho antes. Amén.

Otra razón por la que puede ser malo guardar un secreto es que a veces la gente desea tanto mantener un secreto que pueden empezar a mentir, o hasta hacer daño a la gente, para mantener el secreto. Muy pronto esa persona no tendrá paz en su interior. Se han vuelto esclavos del secreto. Recuerda que Jesús dice, "La verdad te hará libre". Decir la verdad es siempre la cosa correcta que hacer. Puede ser temeroso a veces, y puede que no sepas lo que va a pasar, pero cuando tú sabes que Dios está contigo, va a salir bien.

(DI ESTO EN VOZ ALTA)

Dios, eres el lugar para esconderme. Tú me protegerás de mis problemas; Tú me librarás y me rodearás. (Sal 32:7)

Amado Dios, Tu amor y Tu verdad siempre me protegen. (Sal 40:1)

Dios Padre, protégeme con el poder de Tu nombre. Amén. (Jn 17:11)

Amado niño, te aliento para que por favor le cuentes a alguien si alguien te está haciendo daño de algún modo—diciéndote que te van a hacer cosas malas, o tocándote de una manera que sabes es incorrecta, o haciendo algo que te hace sentir incómodo. Nadie debe hacerte estas cosas. Si alguien te está forzando a guardar un secreto, no lo hagas. Por favor díselo a un adulto de confianza, y por favor habla con Dios sobre eso. Él será tu ayuda y te dará la valentía para hacer lo correcto. Al decir este secreto—decir la verdad—podrías estar evitando que esa persona haga daño a otros niños también. Dios te ayudará y te bendecirá. Dios realmente se preocupa por ti. Él te ama mucho, Él te ayudará. Todo lo que tienes que hacer es pedir Su ayuda, y luego hablar y decir la verdad.

Que Dios esté contigo y te dé la fortaleza y valentía para hacer lo que es correcto. Amén.

Egoísmo

Todos a veces queremos cosas—alimentos, juguetes, dinero, amigos, amor - toda clase de cosas. Eso no es malo siempre, pero prestar atención solamente a lo que queremos puede conducir al egoísmo. Egoísmo significa pensar y preocuparnos mucho acerca de nosotros mismos, y no lo suficiente acerca de otra gente.

Hay muchas maneras de ser egoísta. No compartir tu dulce con tu amigo, por ejemplo. Mirar el programa de TV que quieres en vez del espectáculo que tu hermanita quiere ver. Recibir regalos de otros, pero nunca dar regalos a otros. Gastar dinero en ti mismo, pero nunca dar dinero a los pobres. Probablemente puedes pensar en otros ejemplos -quizás de tu propia vida.

La Biblia (Gal 5:22) nos dice que el fruto del Espíritu es amor, alegría, paz, paciencia, bondad, benevolencia, fidelidad, gentileza y autocontrol. Eso quiere decir que cuando pedimos a Dios que nos dé Su Espíritu Santo, y tenemos al Espíritu Santo con nosotros, éstas son las cualidades - las cosas buenas de nosotros - que Dios nos ayuda a desarrollar en nosotros. ¿Observaste que el egoísmo no está en esa lista?

Ya que Dios es amor, y Él quiere que nos amemos unos a otros, no hay lugar para el egoísmo. Si siempre estás pensando en ti mismo, las cosas que tú quieres y cómo las cosas te afectan, perderás tu paz.

La Biblia (Fil 2:3) también nos dice que no hagamos nada por egoísmo. Nos instruye para que tomemos en cuenta los intereses de otros y no solamente los nuestros. Eso quiere decir que debemos asegurarnos de que otra gente está bien, y ver si los podemos ayudar en vez de pensar en nosotros mismos todo el tiempo.

¿Sabías que cuando Jesús vino a la tierra, lo hizo para servir? Eso quiere decir que Él no vino para ser un gobernante grande y poderoso, con mucha gente sirviéndole todo el tiempo. Vino aquí para servir a otros. Lavó los pies de sus amigos. Él alimentó a la gente, y sanó a la gente. Él enseñó a la gente. Él siempre hizo algo bueno y bondadoso a otra gente para mostrarles que los amaba.

Aunque Jesús era Hijo de Dios, nunca daba órdenes a la gente que le rodeaba. No dijo, "Soy su Rey, vengan a servirme y a darme todo que yo quiera". En cambio, miró a su alrededor, vio a las personas necesitadas, y las ayudó. Y Jesús era el Hijo verdadero de Dios—Él podía haber hecho cualquier cosa que Él decidiera, pero Él escogió ayudar a la gente. Si Jesús puso a otros en primer lugar, ¿no deberíamos nosotros hacer lo mismo?

Sé que esto podría no parecer fácil a veces. Nuestro modo natural de ser es querer cuidar de nosotros mismos primero y poner nuestros deseos en frente a los de otros. El Espíritu de Dios es el que nos ayuda a vivir a la manera de Dios, y las maneras de Dios no son nuestras maneras, y Sus pensamientos no son nuestros pensamientos. Lo que nos parece bien, podría no gustarle a Dios. Por eso es tan importante leer las palabras de Dios y encontrar todo lo que Jesús nos enseñó. Si todavía no lo has hecho, te aliento para que invites al Espíritu Santo en tu vida (mira la oración en la página 62). El Espíritu Santo nos ayuda a pensar como Dios, y el Espíritu también nos enseña lo correcto de lo incorrecto, para que podamos vivir como Dios quiere que vivamos.

Si solamente pensamos en nosotros mismos, terminamos por hacernos daño. Ser egoísta causa que perdamos toda nuestra paz, y que tengamos relaciones realmente malas con la gente. Piensa sobre esto - ¿te gustaría ser amigo de alguien que es egoísta siempre y que parece no preocuparse por ti?

En la Carta de Santiago (St 3:16), la Biblia nos dice que ahí donde hay egoísmo, uno encuentra muchos problemas y maldad. Pero la sabiduría (la manera de Dios) viene del cielo, y las maneras de Dios son puras, pacíficas, amorosas, bondadosas, honestas y veraces.

La Biblia (St 4:1) dice que las peleas y disputas ocurren por el egoísmo. Eso es porque muchas de las peleas empiezan cuando alguien quiere algo pero no lo tiene y no lo puede obtener. No pueden tener lo que quieren, y por eso pelean para obtenerlo.

Santiago sigue diciendo que algunas veces la gente le pide a Dios las cosas que quieren, pero lo hacen por razones egoístas. Por ejemplo, una persona reza a Dios pidiendo dinero, pero solamente para poder gastar dinero en sí mismos, comprando cosas que quieren. Y cuando no obtienen el dinero, se enojan con Dios por no responder a sus oraciones. Pero el problema real en esa situación no es Dios - es con la persona que está haciendo la petición, porque estaba pidiendo por egoísta.

Dios no está feliz cuando pensamos solamente en nosotros mismos. Desde luego, Él todavía nos ama, pero a Él no siempre le gusta lo que hacemos. Tenemos que asegurarnos de que caminamos con Dios, y la única manera de hacer eso es pidiendo a Dios que nos dé su Espíritu Santo. Debemos invitar a Dios a nuestros corazones y nuestras vidas. Él quiere que sientas paz y amor en el interior, y Él nos ha enseñado cómo tenerlo; todo lo que tenemos que hacer es pedir.

Dios no es cruel; Él ama a todos Sus hijos, y Él recompensa. Él tiene muchas bendiciones para darte, pero debes estar dispuesto a dejar el egoísmo para que puedas recibir los dones de Dios y compartirlos con otros. Cuando haces esto tendrás paz en tu corazón y estarás seguro, porque estás caminando con Dios. Él tiene planes buenos para ti.

Si has estado actuando de modo egoísta y no has pensado en los otros o sus sentimientos, Dios quiere ayudarte a cambiar. Él tiene tantas bendiciones que darte, pero debes estar dispuesto a hacer las cosas a la manera de Dios. Su manera siempre es lo mejor, y siempre tendrás paz y te sentirás bien por dentro cuando sabes que estás siguiendo a Dios. Si estás luchando con el egoísmo, por favor di esta oración.

ORACIÓN

Amado Dios, por favor perdóname por pensar solamente en mí y en lo que quiero. Por favor ayúdame a pensar en otros, y enséñame cómo puedo ayudar a alguien más. Amén.

Cuando empiezas a ayudar a otros, te sentirás mucho mejor sobre ti mismo. Trata este experimento: selecciona una persona cada día y has algo bueno para ella. Pronto te darás cuenta de que ya no estás pensando solamente sobre ti solamente. Te sientes tan bien de ser bondadoso con otros que te das cuenta que eso es lo que quieres hacer. La mejor manera de sentirte bien acerca de ti mismo es ayudando a otros.

(DI ESTO EN VOZ ALTA)

Una persona egoísta es antipática. No soy antipático; pensaré en otros y haré algo bueno por ellos. (Prov 18:1)

Haré las cosas a la manera de Dios, y Él me bendecirá y me recompensará. (Prov 28:20)

Estrés

¿Alguna vez has sentido como si tuvieras más cosas en tu vida de las que puedes manejar? Quizás tienes problemas para estar al día con tus tareas escolares, o tu equipo tiene un juego grande este fin de semana y sientes que no estás listo. Cuando tienes esos tipos de pensamientos, eso es estrés. Algunas veces cuando sentimos estrés, decimos que estamos "estresados".

Todos hemos estado estresados en algún punto en nuestras vidas, ¿pero sabías que el estrés vienes de no confiar en Dios?

Piensa acerca de esto. Si realmente confías en Dios, no tienes razón para estar estresado. Si estás estudiando para un examen grande en la escuela mañana, y estás estresado por eso, quizás estás pensando, "Dios no va a tomar ese examen por mí". Bien, estás en lo correcto, Dios no va a tomar el examen por ti, pero si rezas y estudias y haces lo mejor que puedes y aún así fracasas, ¿has pensado que puede ser parte del plan que Dios tiene para ti?

Recuerda, Dios tiene un gran plan para tu vida. Si estás tratando de hacer algo que no es parte de ese plan, podrías no tener éxito. Y te encontrarás luchando, no porque Dios no quiere que salgas bien, sino porque Él sabe que hay algo mejor para ti, aunque todavía no te das cuenta de ello o no lo ves.

Aquí hay un ejemplo. Cuando empecé en launiversidad, fui a ciencias de computadora, mayormente porque mi papá creía que yo podía hacer un buen trabajo de esa manera. En ese momento, parecía que yo no tenía una idea mejor y dije que sí.

Bien, fracasé todas las clases. Lo odiaba y especialmente no podía tolerar las matemáticas. Traté y traté, estudié y recé, y hasta tuve tutores, pero seguía teniendo malas notas. No tenía paz y estaba frustrada todo el tiempo. ¿Era porque yo era estúpida? No lo creo.

Volviendo a ese momento, ahora veo que nada de eso era parte del plan de Dios para mi vida: no matemática, no computadoras, nada de eso. El plan de Dios para mi vida era hacerme sanadora y ministra. Él sabía que yo sería más feliz si estaba sirviendo a Él, y claro Él tenía razón. Amo lo que estoy haciendo ahora.

Ninguna de esas clases de computadoras me hubiera ayudado a hacer lo que Dios había planeado para mi vida. Tenía que dejar ir lo que creía era lo mejor, para poder aprender lo que Dios quería para mí. Ves, para ese entonces yo no conocía a Dios como lo conozco ahora. No me daba cuenta de que tenía que invitar a Jesús a mi corazón y mi vida. Y ciertamente no sabía nada de pedir a Jesús por el Espíritu Santo. Por eso seguía encontrando obstáculos en el camino, y tomando decisiones malas.

En ese tiempo en mi vida, yo no estaba buscando a Dios o preguntándole que debía hacer. Así que seguía haciendo lo que estaba haciendo, y tratando más y más fuerte. Yo rezaba, pero solamente por lo que yo quería; eran oraciones egoístas. Todo lo que obtuve fue fracaso en mis clases, mi salud y mis relaciones. La escuela, y todo lo demás, eran muy difíciles para mí en ese tiempo.

Bueno, como dije, fue un camino largo que tuve que seguir, pero eventualmente llegué a conocer a Dios, porque Él envió una mentora (una clase de maestra) para ayudarme. Ella me enseñó cómo invitar a Dios a mi vida, y pasó muchos años enseñándome las maneras de Dios. Hoy día soy mucho más feliz que entonces.

Y ahora puedo ver que no estaba destinada a tener éxito en ciencias de computadora; ese no era el plan de Dios para mi vida. También he aprendido que lo mejor que puedo hacer cuando me siento estresada es confiar en Dios, porque sé que dejo que Él me guíe, todo saldrá bien.

No quiero que ninguno de ustedes se sienta tan estresado como yo me sentía en la universidad, o que sientan que su vida es un fracaso tras otro.

Si estás estresado, por favor di esta oración.

Amado Dios, he estado estresado por [nombra lo que sea]. Por favor perdóname. Señor, sé que tienes un buen plan para mi vida; por favor muéstrame lo que quieres que yo haga. Y ayúdame a hacerlo. Esto te lo pido en el nombre de Jesús. Amén.

(DI ESTO EN VOZ ALTA)

Dios, confiaré en Ti en todo momento; Verteré mi corazón en Ti. Tú eres mi protección y mi refugio. (Sal 62:8)

Tus palabras son una lámpara a mis pies y una luz para mi sendero. (Sal 119:105)

En todo lo que hagas reconoce a Dios, y Él dirigirá todos tus pasos. (Prov 3:6)

Conclusión

Espero que hayas encontrado que este libro te ayuda. Si este libro hace alguna cosa, ruego que te ayude a conocer a Dios y a entrar en una relación estrecha con Él. Mi oración es para que invites a Jesús a tu corazón y a tu vida. Y que tu pidas a Jesús que te llene con el Espíritu Santo, para que puedas tener paz; esa hermosa paz por la que Jesús bajó para dárnosla.

Estoy feliz porque Dios ha sido tan paciente conmigo por todos mis años. A veces me pregunto, si yo hubiera tenido esta información más temprano, ¿me hubiera evitado años de angustia y luchas? Solamente Dios sabe eso, pero amo donde me encuentro ahora. Y estoy feliz de poder compartir esta información contigo, y posiblemente librarte de años de luchar como yo. Pregunta a Dios cuál es su buen plan para ti, porque es seguro que Él tiene uno.

Todas las cosas que Dios me ha enseñado y sigue enseñándome me hacen más feliz y en paz cada día. ¡Ha sido una carrera interesante! Ruego para que encuentres a Dios ahora, y para que seas lleno de Su amor y paz. Si hay algo que sé de seguro, es que solamente cuando haces lo que Dios quiere que hagas es que podrás ser el más feliz de todos.

Nota de la autora:

Si encontraste que este libro fue útil por favor deja un mensaje en

www.christforkidsministries.com

Me encantaría escuchar de ti.

Julie

Lista de lecturas sugeridas

La Santa Biblia

Joyce Meyer, *Battlefield of the Mind for Kids*

Joyce Meyer, *Battlefield of the Mind for Teens*

Joyce Meyer, *Battlefield of the Mind*

Joyce Meyer, Power Thoughts: 12 Strategies to Win the Battle of the Mind

Joyce Meyer, *The Secret Power of Speaking God's Word*

www.christforkidsministries.com

www.ingramcontent.com/pod-product-compliance
Lightning Source LLC
Chambersburg PA
CBHW071728040426
42446CB00011B/2269